세 계 미 래 보 고 서2022- 메 타 사 피 엔 스 가 온 다

元智人
世界未来报告书

〔韩〕朴英淑 / 〔美〕杰罗姆·格伦 著

梁钊 谭娜娜 译

中国出版集团
中译出版社

图书在版编目（CIP）数据

元智人：世界未来报告书 /（韩）朴英淑，（美）杰罗姆·格林著；梁钊，谭娜娜译．-- 北京：中译出版社，2023.1

ISBN 978-7-5001-7184-3

Ⅰ．①元… Ⅱ．①朴… ②杰… ③梁… ④谭… Ⅲ．①未来学－研究 Ⅳ．① G303

中国版本图书馆 CIP 数据核字 (2022) 第 162164 号

北京市版权局著作权合同登记号：图字：01-2022-0439

元智人：世界未来报告书
YUANZHIREN: SHIJIE WEILAI BAOGAOSHU

策划编辑：刘香玲　张旭
责任编辑：刘香玲　张旭
文字编辑：张程程
营销编辑：毕竞方　刘子嘉
版权支持：马燕琦　王立萌　王少甫
出版发行：中译出版社
地　　址：北京市西城区新街口外大街 28 号普天德胜大厦主楼 4 层
电　　话：（010）68359719（编辑部）
邮　　编：100088
电子邮箱：book@ctph.com.cn
网　　址：http://www.ctph.com.cn

印　　刷：中煤（北京）印务有限公司
经　　销：新华书店
规　　格：710 mm × 1000 mm　1/16
印　　张：17.25
字　　数：200 千字
版　　次：2023 年 1 月第 1 版
印　　次：2023 年 1 月第 1 次印刷

ISBN 978-7-5001-7184-3　　　　定价：69.00 元

全球未来发展研究智库

千年项目（The Millennium Project）

“千年项目”总部位于美国华盛顿。作为研究全球未来发展的组织，与联合国、联合国下属的各研究机构及欧盟、经济合作与发展组织等国际机构紧密合作，共同研究人类可持续发展的方案。

“千年项目”以 1988 年联合国的新千禧年未来预测项目为基础，由非政府组织在 1996 年创立。1996 年至 2008 年，项目受到联合国大学美国委员会的支持，于 2008 年在联合国经济及社会理事会下属的联合国协会世界联合会（World Federation of United Nations Associations，简称 WFUNA）中展开活动。2009 年，项目以独立的国际非政府组织成了联合国经济及社会理事会的下属组织。

目前，“千年项目”在全世界共有 66 个分部，由 4 500 余位政府官员、企业家、专家等担任理事。他们提出了针对全球 15 大难题的应对策略，描绘了国际社会的长远规划蓝图，并分析了相关的机遇和危机。该项目提出国际社会所需的政策和战略，对未来社会的危机进行事先预警。

在《世界未来报告书》（*State of the Future*）中，“千年项目”的4 500余名专家运用SoFi、RTD、未来轮（Futures Wheel）、场景分析法等未来预测方法来预测10年之后的世界。在此基础之上，专家结合国际机构研究的资料进行分析，形成了向各国未来研究团队和联合国等报告的报告书，并在每年举行的世界未来学会（World Future Society，简称WFS）上发表。

“千年项目”韩国的分部为联合国未来学论坛。

元智人必须知道的20种未来代码

未来代码1：元富裕

纵观全球，人类的富裕程度在持续提高。由于全球中产阶层人口的不断增加，贫穷人口呈现出相对减少的趋势。在高带宽、低成本通信、云端普适人工智能、人工智能教育、人工智能医疗等的影响下，人类的富裕水平正在提升。金融、保险、教育、娱乐等产业不仅被数字化，还与虚拟现实相结合，被纳入元宇宙里。依托这些变化，产业可以更加多元化地拓展，以此为基础而产生的机遇和收益十分可观。

未来代码2：元连接

因全球千兆以太网成本低廉，人们可以随时随地与任何事物联系。待6G普及，一网（OneWeb）、星链（Starlink）等众多全球卫星网上市，我们便可以连接数兆个装置。从理论上讲，6G是传播速度比5G快50倍的通信技术。以此为基础，所有人都可以利用廉价的无线网络进行交流。得益于超链接的迅速发展，30亿个个体可以连接网络，数十兆美元的全球经济得以增长。这是在低成本航天互联网、计算机硬盘发展、5G 网络、人工智能、材料科学以及激增的算力的融合主导下完成的。

未来代码3：元长寿

人类的寿命平均增长了 10 年以上，目前处于临床Ⅰ期、Ⅱ期、Ⅲ期阶段的 12 个划时代的生命工程及制药解决方案将在 10 年内造福于消费者，这些技术包括干细胞供给复原、Wnt（基因蛋白信号传送分子）路径调控、衰老细胞降解（清除）药物（Senolytic Medicines）、新一代口服疫苗（Endo-Vaccin）、鸟苷二磷酸解离促进因子 GDF-11、NMD/ 烟酰胺腺嘌呤二核苷酸 NAD+ 补充等。得益于机器学习的不断进步，人工智能的运用加快了新药的开发速度，众多准备临床试验的新药将有助于延长人类的寿命。加之基因组测序、靶向基因编辑技术、人工智能、量子计算、细胞医学的融合，人类长寿的进程得以加速。

未来代码4：元资本

资本富足之后，多余的资本可以用于需要资本的诸多领域。在过去的几年里，种子资本、风险资本、主权财富基金投资等全球资本流动创下了历史最高值。这种趋势在今后会因经济萧条出现一些起伏，但整体仍将沿上升轨道持续行进。如此充裕的资本将用于实现那些富有革新性和想象力的企业家的创意，并将推进企业家进行多种尝试。

充足的资本最终将加速革新。预计到 2025 年将会形成 3 000 亿美元的众筹基金，这正在实现全世界企业家的资本的民主化。这一变化由全球互连互通、非物质化及民主化所主导。

未来代码5：元宇宙与虚拟角色

增强现实和空间网络因不受时空限制而变得更加强大。从小规模店铺到广告、教育、金融、娱乐、政治等大规模领域，无论任何产业或领域，它们都受到了相当大的影响。消费者沉浸在数字科技所创造的虚拟世界里，可以花费一整天在其中游玩、学习、购物等。通过虚拟角色，他们可以过上与现实不同的生活，甚至还可以在虚拟世界里进行经济活动。得益于硬件设备、5G 网络、人工智能、区块链、深度仿真技术、网络算力的融合，这样的未来正加速到来。

未来代码6：元传感

世间万物皆可智能。低成本微型传感器的爆发式增长和高带宽网络的广泛应用，使所有装置都将在 10 年内迎来智能化。得益于玩具上安装的传感器，孩子们摆弄的玩具可以记住他们的面容和名字。家里的各种智能装置可以根据需要自动开窗，播放主人喜欢的音乐，调节室内的温度。为了保证参加孩子生日派对的所有小朋友安全回家，无人机会准确地跟随他们并将拍摄的视频传送出去。不仅如此，牙刷、坐便器、棉被等日常生活物品都可以搭载智能传感器，因这些便携式传感装置，我们能够对个人的健康状态进行实时监测和管理。我们还可以对血糖值、心率、血压、病毒感染、血液或细胞的状态等进行细致的诊断，如果有异常情况，我们不仅可以收到通知，还可以针对病症找出相应的治疗方案。

未来代码7：元人工智能

就像科学家兼未来学者雷蒙德·库兹威尔（Raymond Kurzweil）预测的那样，人工智能到2030年便可以能人类之所能。在21世纪20年代，智能算法和机器学习工具将在云端开放源代码，成为任何人都可以使用的工具。因此，通过网络连接的个体可以完善其认知能力，强化解决问题的能力，从而迎接新的挑战。这一未来代码将依托全球高带宽连接、神经网络、云计算的融合来发挥主导作用。工业设计、医疗、教育及娱乐等产业都将受到影响，从而形成与目前完全不同的产业面貌。

未来代码8：人工智能与人的协作

由于“人工智能即服务”（AI as a Service，简称AIaaS）平台的崛起，人类可以将人工智能运用到所有行业中，从而与之建立伙伴关系。并且，这可以在具体工作的诸多方面和各个层次上实现。人工智能扎根于日常的商业运营，支持创意性的工作，助力衍生崭新的创意。通过这一举措，以前很难实现的革新变得触手可及，人工智能也成为有认知性的合作者。在部分领域，人类与人工智能的合作伙伴关系可能会成为必备条件。且举一例：假设在未来，人工智能咨询成为特定诊断的必要条件，医生在没有人工智能的情况下擅自做出诊断的话，则可能被视为医疗过失。

未来代码9：与机器人共生

很多人为了提高生活质量会选择贾维斯（J.A.R.V.I.S.）等软件，亚马逊语音助手（Alexa）、谷歌智能家居（Google Home）、苹果智能音箱（Apple Homepod）等服务功能的扩大使这种服务不只局限在家庭范围，而且能扩展到各个领域，会成为 24 小时倾听对话、阅读邮件、检测血液的贾维斯。能够连接以上数据的人工智能支援软件壳还可以依据用户的喜好度，预测用户的使用要求。随着伴侣机器人、医疗机器人、辅助痴呆症患者机器人等的普及，人类在生活中所需的全部领域都将得到机器人的辅助，并帮助人类解决现实问题。

未来代码10：元可再生能源

目前，全球都在使用储量高、价格低的可再生能源。太阳能、风力、地热、水力、核能及区域性电网的持续发展将人类引向廉价且丰富的可再生能源世界。以可再生能源为例，如今每千瓦时的价格已经下降到 1 美分以下，这使储能库能源的使用费下降至每千瓦时 3 美分以下。因此，可再生能源将会取代全世界大部分的化石燃料。

未来代码11：元预防保险

保险业正从“危险后恢复”转向“预防危险”。就目前而言，火灾保险的赔偿金是在火灾发生之后支付，人寿保险是在受保人去世后才支付赔偿金，健康保险是在受保人住院或购买药品时才开始启动。但在10年后，新型保险公司的业务运行将会发展成另一种形态。它们会利用机器学习、普适传感器、低成本基因测序及机器人工程学的融合技术，提前感知危险，预防灾难，并在产生费用前支付保障安全的准备金。

未来代码12：元交通工具

无人驾驶汽车、飞行汽车、超级高铁将在近期内使通行变得更快捷、更低廉，人类的旅行将被重组为完全不同的状态。在今后10年内，无人驾驶汽车、“汽车即服务”（car-as-a-service）、飞行汽车将会出现在大城市以外的中小城市。并且，它们的运行成本会降至现在的30%以下，从而给地产、金融、保险、材料行业及城市规划等领域带来改变。值得注意的是，如果超级高铁开始常态化运营，那它不仅可以刷新日常生活中距离的概念，还可以减少运输业的碳排放，并且能够划时代地提高电子商务领域的效率，这会在诸多产业中起到引领革新的作用。超级高铁可以说是使人类生活达到另一境界的梦幻交通工具。交通工具的变化将在很大程度上改变人类生活的方式和模式。这是在机器学习、传感器、材料科学、电池储存技术发展及千兆以太网的融合主导下的结果。

未来代码13：定制化生产配送

订购式生产和订购式配送可以使产品即刻制造并直接送到顾客的

手中。人们可以利用 3D 打印技术将个人健康状况的资料发送给餐饮企业，从而使个人得到量身定制的食物。不仅如此，随着个人基因组分析技术的发展，个人量身定制的医疗服务将变得越发活跃，并有可能制造出契合个人基因的定制化药物。这些服务会因无人机和机器人远程配送而变得更加便捷。心有所想，便会触手可得，把这种服务形容为“建在家门口的仓库”也不为过。如此一来，我们再也不必担心产品变质或货物积压。这种经济活动会加速数字和 3D 打印技术的发展，到那时，不论我们身在何处，个人定制化产品都将会在几个小时内生产配送完毕。这种革新式的未来代码由网络、3D 打印、机器人工程学、基因组分析技术及人工智能的融合所主导。

未来代码14：元物联网

我们将会拥有随时随地感知和了解任何事物的能力。我们正在迅速进入一个用 1 000 亿个传感器来监测和感知环境各个方面（影像、收听、测定）的时代。全球成像卫星、无人机、无人驾驶汽车、激光雷达及超前的增强现实头戴式相机，都是全球传感器矩阵的组成部分。这种变化由地面、大气和天基传感器、庞大的数据网络及机器学习的融合所主导。得益于元物联网的发展，今后最重要的并非“你知道的内容”，而是“你提问的质量”。

未来代码15：比自己更懂自己的人工智能

人工智能已渗透到我们日常生活的方方面面。今后，指定的人工智能将储存和学习着我们的全部数据，因此它们比我们自己更清楚我们喜欢什么、想要什么、该买什么。我们不仅信任人工智能，甚至依赖它们，人工智能替我们做着大部分的购买决定。因此，人工智能这一私人秘书将负责大部分的购物工作。人工智能掌握着我们过去的欲望和现在缺少什么，它们完全掌握了我们的喜好。而且，当我们允许人工智能聆听我们的对话，它们便会以此为基础，准确购买我们想要的东西。如果这种现象加速发展，一般的广告便失去了实际意义。因为利用人类心理而游说的广告对人工智能不再发挥作用，所以广告行业将迎来终结时刻。这样的变化是由机器学习、传感器、增强现实及 5G 网络的融合所主导的。

未来代码16：元人造肉

“细胞农业”开始从实验室移至城市中心，这样可以制造出更低廉、更健康的高品质蛋白质和人造肉。在未来 10 年内，人类将会研制出具伦理性、富营养价值、环境友好的蛋白质生产系统。这种“细胞培养食品”给人类带来的饮食革命，甚至比过去 1 万年来所看到的更加惊人。以干细胞为基础的“细胞农业”可以有效制造出比现有粮食营养成分更高的食物，进一步而言，我们将会用更少的碳消耗，无论何时何地都能生产出牛肉、鸡肉、鱼肉等食物。元人造肉和食物革命因生命工程学、材料科学、机器学习及农业技术的融合而活跃发展。

未来代码17：元脑机接口

为了公开广泛地使用高带宽脑机接口（Brain-Computer Interfaces，

简称 BCI），我们会将其技术植入网络。雷蒙德·库兹韦尔（Raymond Kurzweil）曾预言，到 21 世纪 30 年代中期，人类大脑皮质将可以连接到云端。脑机接口技术在今后 10 年内将首先为脊髓损伤患者提供服务，这项技术会在恢复患者感知能力和运动控制能力等方面取得巨大进展。除了恢复已经丧失的运动功能外，有数位脑机接口技术的开拓者正在研究通过完善基本认知能力来提高人的感知力、记忆力、智力的方法。今后，如果通过脑机接口技术实现人类与虚拟世界化身的连接，那么我们便可以开启全新的生活模式。电影《阿凡达》（*Avatar*）、《黑客帝国》（*The Matrix*）、《头号玩家》（*Ready Player One*）中呈现出的想象中的世界将会成为现实。材料科学、机器学习、机器人工程学的融合将会促进元脑机接口的发展。

未来代码18：虚拟购物

高清的虚拟世界可以改变零售业和房地产交易等所有领域的购物模式。我们戴上高清的轻质可视耳机，舒适地坐在自家的卧室里，就可以完成从服装到房地产等所有产品的购买活动。如我们需要购买新衣服时，因为人工智能熟知我们的身材尺码和穿衣风格，它会将最合适的 20 余件新品展现在我们的虚拟化身上，以此供我们进行选购。

家具的购买也会变得更加便利。人工智能会在与自己家住房结构一样的虚拟空间内布置家具，或者变换不同的装修风格。与自己一模一样的虚拟化身试穿衣服或演示化妆效果将会成为日常。虚拟化身的发展因虚拟现实、机器学习、高带宽网络的融合而变得可行。

未来代码19：元可持续性

随着自然灾害的频繁发生，人们对地球环境问题的担忧和保护环境的呼声越来越高。作为应对之策，全世界企业都认识到环境、社会及公司治理（Environment, Social, Governance，简称ESG）经营的必要性，并且正在实践。ESG的核心便是可持续性，这就意味着，为了不浪费或使下一代的经济、社会、环境资源陷入枯竭，我们这一代应该努力实现协调与均衡。全球都在紧锣密鼓地进行可再生能源的开发，企业也在实施碳中和的具体战略。随着材料科学的划时代发展，企业也可以大幅减少废弃物的排放和环境污染。比如，一个公司所产生的废弃物可能成为给其他公司带来收益的原材料。通过材料科学、人工智能、高带宽网络的融合，我们可以实现人类与地球的可持续发展。

未来代码20：元遗传基因编辑技术

遗传基因编辑技术是治疗人类疑难杂症的核心技术，它已经可以治疗从艾滋病到埃博拉的大规模传染病。待遗传基因编辑技术发展到一定高度，便可以准确便利地治疗数百种遗传性疾病。如果利用该技术，人就没有必要被动地接受其遗传的优劣，因为我们可以通过基因改造和基因编辑创造出优质的遗传基因。这项技术最终可以发展到能够治疗所有疾病的程度，并且可以延缓人类的衰老，为超越人类寿命的局限做出贡献。遗传基因编辑技术是由基因编辑和遗传基因编辑等多种生命工程学技术、基因测序及人工智能的融合来主导的。

在技术和想象力结合而缔造的新世界里生活的元智人

经历新冠肺炎疫情后，人类在重新安排生活的同时，也迎来了前所未有的巨大变革。此次疫情将刚刚开始的变化趋势提前了近 20 年。虽然这一剧变导致诸多混乱，但对于未来学家而言，随处可见的变化和提前降临的未来图景，也令人激动。因为对于学者而言，可以目睹自己预测的未来大步走向现实。猝不及防到来的变化浪潮既可以成为危机，也可以成为机遇。再者，我们非常好奇会有怎样的未来在等待着我们。

变化和革新的巨浪掀开了历史新篇章

虽然新冠肺炎疫情带来多种多样的变化，但这种变化在人员聚集型产业中体现得最为明显。航空业、旅游观光业、酒店等住宿业、食堂和自助餐厅等餐饮业、百货商场、超市、音乐会和音乐剧等演出产业、体育产业、婚丧相关产业、学校或培训机构等教育产业、石油化工业、港口港湾及相关的造船业等，仍然无法找回昔日的繁荣。

但是，与这些濒危产业不同，新兴产业正在崛起。因航空业的萎靡，人员的流动受到限制，诸多视频会议软件开始频频推出。虚拟世界也开始取代旅游观光业。在虚拟世界中我们仿佛置身于海外名胜古迹。线上接触（Ontact）的发展、预订经济的激活、元宇宙的兴起，改变着诸多产业的形态，并引领我们走向新的未来。目前，线下餐饮业被迫进入萎缩期，作为替代产业，人们可以在自家的厨房里烹饪，并通过预订方式接受送餐服务。在支付小额预订金之后，人们便可以体验线上旅行、举办线上演唱会等活动，也可以在网络百货商店或超市销售产品。如此一来，人们不再需要卖场，也不用担心库存堆积，反而更能盈利。

此种情况下，我们不必担心剧场和音乐厅无法招揽观众，因为在虚拟世界里举办演出便可以轻松化解这一问题。众多歌手均在虚拟世界里举办了演唱会和签售会，并取得了超人气的反响，这已经预示了虚拟世界成功的可能。

虚拟世界的发展几乎为所有领域提供了可行的变革机会，特别是在教育方面，虚拟世界的利用率很高。进入虚拟时代后，大部分教育业务会变为免费的。到那时，宇宙可以展现于眼前，我们可以随意探索宇宙中的行星，再也不必转动地球仪进行学习。我们也可以在虚拟世界里体验异国的地理和历史特征、气候危机导致的变化、融化的冰川和上升的海平面、干旱和地震、海啸等，由此可以从封闭的教科书中解脱出来。人工智能机器人教师即将登上历史舞台，连接大脑和电脑的 BCI 技术也会使教育产生巨大变革。

将成为新文明轴的6种元趋势

“千年项目”预测了全球疫情过后人类将要经历的变化和变化后的世界面貌，并将其写入本书。人类充满探索无限宇宙的渴望，不断挑战衰老与死亡，并且一直憧憬着突破极限。科学技术的发展让我们看到了人类梦想的世界成为现实。如今，我们经历了新冠肺炎疫情大流行，也经历了文明的巨大变动，正在迎接与以往完全不同的世界。在本书中，生活在想象力与科技结合所缔造的新世界中的人类被称为“元智人”。

首先，为了预测元智人生活的世界，我们提出将成为新文明轴的6种元趋势。它们分别是宇宙时代、与机器人同居、AI元宇宙、衰老的终结、克服气候危机、ESG经营。

随着宇宙开发时代的正式到来，宇宙产业正在成为多国的角逐场。对生命工程保持高度热情并带头进行研究的世界顶级IT企业的领袖们，现在不分彼此，纷纷投身于宇宙产业并扩大各自的版图。在不久的将来，人类便会实现在宇宙中休闲度假，移居太空。

人工智能机器人的发展也实现了跨越式的革新，护理患有痴呆症老人的人形机器人格蕾丝（Grace）等多种伴侣机器人开始普及。此外，从事人类专属艺术活动的机器人也已经问世。机器人教师、机器人护士、机器人厨师、机器人调酒师、机器人配送、机器人汽车等的出现，使得人类和机器人的同居成为不可抗拒的事实。今后，人类将与机器人谈情说爱，与机器人协力合作，并得到机器人的照顾。可以说，我们将与机器人一起生活。

现实世界和虚拟世界交叉结合的地方存在AI元宇宙，它打开了革新世界的大门。那里包括所有的虚拟世界、增强现实及 NuNet 等新型网络，这些就像 30 年前出现的互联网一样，可以改变世界的格局。因此，在 2030 年前，最受关注的当数虚拟经济。当下，人类不再拘泥于一个地方以相同的认同感生活。我们会进入多种虚拟空间，选择符合自己个性的自我，以“化身”的形式生活。这样一来，在元宇宙时代，现实世界的自我和虚拟世界的化身变得同等重要。因为虚拟化身和数字形象也是表达自我的重要途径。

衰老与死亡仿佛是人类的宿命，可是，这真的无法克服的吗？长寿产业以代表性的干细胞研究和基因编辑技术为开端，随着科学技术的高速发展，人类长久以来的夙愿将有望实现。人类正在通过设计婴儿（Designer Baby）、冷冻人、BCI 技术、数字孪生、超人（Transhuman）等探索延缓老化、延长生命的方法。届时心灵和精神也可以植入电脑，人类的永生将不再只是电影中的想象。

即使各种新颖的新技术不断涌现，如果地球不复存在，人类灭亡，那么这一切也将功亏一篑。人类因新冠肺炎疫情蔓延而陷入混乱，出现这种现象的根本原因是气候变化。2021 年 7 月，北美大陆遭遇酷暑，温哥华东侧的小村庄最高气温达到了 50 摄氏度。南极和北极的冰川消融也是众所周知的事实。倘若不能正确应对气候危机，酷暑等异常天气只不过是灾难的序幕。由此，全球正在开始进入“新气候体制”。各国政府和企业为了实现碳转型经营与碳中和，纷纷改变了原有的产业模式。在这种趋势下，各个企业加快了转向 ESG 经营的步伐。

疫情之后重组世界秩序，为可持续发展所做的努力

雷蒙德·库兹韦尔博士预言，奇点（Singularity）将会在 2045 年到来。假如上述变化步伐加快，那么在奇点到来的前一年，即 2044 年举行的奥运会将是一番什么景象呢？想必与超越人类身体极限的“诸多存在”同场竞技的可能性较大。由于遗传基因编辑、人工智能、3D 打印等技术的发展，安装多种芯片、传感器、外骨骼或因脑波刺激而变得更加强壮的超人和半机械人将会登场。通过将人类能力的超能化，可以让身体更快、更远、更灵活地移动。届时，运动员在展开竞技时，将会出现超出想象的奇观。

然而，科技的发展并不总能给人们带来乐观的未来。虽然虚拟化身在元宇宙生态系统的扩张中起到了关键性作用，但如果能在虚拟世界中隐藏自己的真实身份，那么犯罪发生的可能性也会随之增大。在元宇宙站稳脚跟之前的一段时间内，很多人像网络流行初期一样，毫无秩序地做生意，传播及进行不良物品的交易，虚假新闻、各种诈骗和网络犯罪等很有可能更加猖獗。为了解决这种秩序缺失的问题，发挥明智有为的管理者的作用，AI 元宇宙索菲娅 DAO 平台正在开发之中。索菲娅 DAO 在元宇宙内制定规则，并实施管理和升级。

气候危机也是技术发展带来的阴影，各国政府和企业都在摸索和实践应对方案。美国的新技术研究所独立智库（RethinkX）在《重新思考气候变化》中表示，通过能源、运输、食品 3 大主要产业的新举措可以减少全世界 90% 以上的温室气体排放量。在这本书中，还针对全世界共同实践的“新气候体制”和企业的 ESG 经营进行了详细解读。

谷歌、脸书、特斯拉、亚马逊、苹果公司目前关注哪些技术？全球的专家学者对人类的未来有什么建议？人类的欲望和想象力与技术相结合后会创造一个什么样的世界？陌生且混乱的变化与设想的理想国能否造就即将来临的未来。《元智人：世界未来报告书》将对其进行预测，也告知人类为可持续性生存应该做哪些准备。通过仔细审视将成为新文明轴的6种元趋势，可以获得人类可持续生存和繁荣的路径和策略。

后疫情时代的社会变化

（2021年9月9日）

我们经历了新冠肺炎疫情的大流行，随之迎来了巨大的社会变化。新兴产业得到了提速发展，旧的经营模式被淘汰，远程办公、远程学习、远程医疗等社会变化和行为方式被普遍接受。目前，随着疫苗的接种、人类的努力，疫情的结束之日并不遥远。另一个世界在等待着我们。千年项目为了收集后疫情时代“对规定世界特征条件的判断”，在70多个国家和地区进行了问卷调查。问卷调查的内容包括将发生变化的领域、变革的条件是否属实、变化的时期、变化的结果或其他属性，以及支持这种见解的理由等。

决定10年后世界的走势有诸多因素，该研究便是预测这些因素的一个环节。问卷的11个主题分别概括了今后3～5年世界特定变化中的主要内容。本次问卷调查运用了即时德尔菲法（Real-time Delphi）。

新兴产业

兴起于20世纪70年代的个人电脑革命不仅催生了计算机产业，还衍生出了新的产业领域（硬件、软件、配套装置等）。此外，还促进全新的产业（数码摄影、电子商务等）和新的职业类别（网络设计师、社交媒体战略家等）的产生。新冠肺炎疫情同样带来了诸多工作模式转换，如远程办公、远程学习、人工智能应用程序及远程医疗等逐步成熟。此外，3～5年后，新兴产业、附属产业及新的职业领域将会出现。总之，所有新兴产业均离不开人工智能。

虚拟世界

元宇宙会像30年前的网络一样，能够颠覆既有的版图。元宇宙存在于物理世界和虚拟世界相互交叉和结合之处，它是由虚拟强化的物理现实和物理上永久的虚拟空间融合后生成的，是虚拟共享空间的集合体。其中包括所有虚拟世界、增强现实及NuNet等新网络。在人类共同生活的虚拟共享空间里，应该像规定和管理初期网络上的虚假新闻、欺诈等不良行为一样，打造一个更宜居的AI元宇宙。为此，我们开启了诸如构建索菲娅DAO元宇宙等方面的努力。

信任的重要性

近年来，世界很多地方的人与人之间的信任度在逐渐降低，这种现象发生在各个领域里。与之相反的是，部分地区和部分利益相关者之间的信任开始增强。在混乱不断的世界里，信任的重要性愈加凸显。新冠肺炎疫情使得“非接触文化”蓬勃发展，这加速了人工智能机器人的运用。现在，人们比起面对面的交流，更愿意与机器人教师、机器人厨师、机器人调酒师、机器人配送、机器人汽车、机器人护士、无人机出租车等一起度过更多的时间。这是人类相互失去信任而产生的变化之一。

无形的经济

资金平衡表上非有形资产的亿万企业正在诞生，这些企业没有房产、工厂、汽车、卡车或设备，只拥有知识、技术、文化、数据及代码。不拥有一家酒店，却成为最大连锁酒店的爱彼迎（Airbnb）等企业就是典型的例子。这表明研究与开发的重要性正在增加，它已成了企业和国家战略竞争优势的基石。民间金融为了扩大和深化技术革新，以引进新的资金筹措模式来实现现代化。由于数据卷（data volume）和算法分析功能日趋成熟，知识生成的速度大幅提升。在创造或管理无形经济的过程中，人工智能是必不可少的。

金钱的未来

制度的衰退和急剧扩大的通货膨胀加速了加密货币及相关工具的扩散和运用。全球化、个人及分散金融网络主导着自由的国际商务。与国家持续印制更多的货币相反，加密货币在维持有限的货币规模的同时，也获得了国民的信任。随着个人和企业转移到新兴的经济生态体系，匿名交易的功能将得到强化。与此同时，随着非法活动的增加，国家的主导作用和信任度会进一步弱化。

家的平台化

“家”在经历新冠肺炎疫情的洗礼后，已然成为人们活动的中心地带。医疗、教育、职场工作摆脱了外部的束缚后，转移到了家里。随着越来越多的人接种疫苗，社会开始变得愈加开放。因此，家里为了满足更多的要求和进行更多的活动，正在以新形式和多样式为特点进行重新构建。虽然有企业提议减少居家办公，重新回归办公室，但有一半以上的企业赞成将居家办公永久化。

重建

全球在气候、污染、生物多样性以及资源上已经超过了可持续的临界值。同时，这次全球性的新冠肺炎疫情大流行让我们重新思考环境破坏如何威胁人类的生存。为了拯救地球，保障人类的生存，各国政府、企业以及相关利益攸关方有必要制定共同议题，放弃眼前的利益，为人类的可持续发展而努力。我们不仅要制定防止环境破坏的对策，还要努力恢复已经被破坏的环境。为应对气候危机，可再生能源和减少环境污染的畜牧业革命技术正在实施，细胞农业、人造肉、素食汉堡等粮食革命也在实践之中。现在，人类应该在气候、生态、资源等领域朝着可再生和重建的方向发展。

区域化

由于大众对全球化的质疑、新冠肺炎疫情暴露的供应网的软肋、针对气候变化等问题的多种见解，区域化有可能成为全球化和保护主义的平衡器。因为新冠肺炎疫情之下的各国封锁，商业模式再次由全球化转变为本土化。并且，区域自给自足模式越来越活跃。人们不仅利用 3D 打印技术直接建造房屋，还将植物栽培、垂直农场、阳台农场等变成了新产业。

破碎的世界

网络、数字及物理空间从技术民族主义到多种限制模式、两极化的网络空间，由于各种倾向，这一切变得越来越混乱。因为新冠肺炎疫情曾导致粮食和食品供应链中断，所以我们的生存系统也发生了变化。另外，全球各种演唱会、综艺娱乐项目、专题活动等也出现了中断和两极分化现象，如今我们已经进入了演唱会和演出均由线上替代的时代。

混合办公场所

新冠肺炎疫情促使人们选择居家办公，这完全改变了职工的喜好和雇主的期望。今后，既不是完全的远程办公，也不是无条件地去办公室工作，这两种有机结合的混合办公模式将会出现。有的企业会永久性地采用居家办公，有的企业则要求员工重回办公室工作，有的企业干脆进入元宇宙中工作。如此一来，就会产生多种工作岗位、多种工作方式。

传染病之后的城市化

在新冠肺炎疫情之前，技术动向、气候变化及人口迁移已经在重构着城市的面貌。在这种情况下，新冠肺炎疫情的叠加加速了城市化的进程，与此同时，又产生了新的变化趋势。从全球范围看，新冠肺炎疫情期间的经验通过多种方式对城市市民、治理方式及企业的经营产生了影响。传染病对城市的持续影响引发了逃离城市中心的现象，在新冠肺炎疫情已经持续近 3 年的“节点”，也许有些人重返大城市变得困难。人们要么一头扎进元宇宙中的虚拟空间，要么走入临近大海、森林、山清水秀的乡村；要么携带帐篷，像露营者一样生活和工作。

2040年，变化后的未来社会

速动未来（Fast Future）的首席执行官罗希特·塔尔瓦尔（Rohit Talwar）对2040年进行了预测，以此为基础，整理变化后的社会面貌如下：

1. 公民意识将发生变化。根据个人允许政府采集个人数据的多少来决定个人权力、纳税基准、服务项目及福利津贴。换言之，个人允许政府采集应用的数据越多，就能获得越多的权利、服务、福利补助。
2. 婴儿在人造子宫内出生。由于气候变化、各种疾病、各种过敏、精子减少等原因，人类的生育机能逐渐下降。生育技术的发展解决了这些问题，25%以上的婴儿是体外受孕后在人造子宫内出生的。
3. 人的预期寿命将会增加。随着寿命延长技术、科学的划时代发展，现在出生的新生儿的预期寿命将在150岁以上。

他们即将迎来健康、强壮的百岁时代。

4. 终身教育时代的来临。随着世界的飞速发展，陈旧的知识需要抛弃。从出生到去世的教育费用由投资基金、投资公司来支付，因此每人的总收入和财富比率都会下降。即从投资公司得到的教育支援越多，收入和财富的比率就越低。
5. 环境污染会日趋严重。由于气候变化和环境污染，全球将有超过10亿人丧生。气候变化导致海平面上升，从而出现各种疾病，干旱导致农产品和水产品减少。如果无法解决气候变化、环境污染、城市中心人口密集、肉类过度消费等问题，疫情便会卷土重来。
6. 机器人与AI深入日常生活，自动化进程变得更快。从律师、警察、教师到厨师、飞行员、媒体人，人工智能将会替代他们在职场和社会中发挥大部分作用。重要的是，那些有统一的规则或重复性的工作将由人工智能来完成，人类则解决非常复杂的特殊现象或情况，从事那些人工智能无法完成的工作。此外，人类将更热衷于做志愿服务等有意义的事情。
7. 创造新的就业岗位。不过，成长最快的职业是那些目前尚不存在或刚刚兴起的职业（大脑与身体增强技术员、生活理疗师、个人健康及幸福规划师等）。
8. 失业率增加。50%以上的劳动力将处于永久性失业状态，他们分别发掘自身的能力，以从事多种地方社会服务性工作来维持基本生活。因此，大部分国家不得已需要支付这些人的基本生活费。失业率的增加会导致国民不安、医疗费用上涨、社会动乱等问题，与此相比，为失业人员提供基本收入是国家运营更有效率的途径。

9. 所有权，特别是房产所有权将由企业持有。共享经济扩散20年后，住宅或土地等房地产价格几乎被固定下来。大部分住宅归企业所有，并将它们租赁给个人，租赁费用由个人基本收入支付。个人即使购置房屋或土地，也不能从差价中获利，在此情况下谁也不愿意购买房地产。

10. 加密资产增加。资产将会从银行或政府集中控制中抽出，分散到股票、债券、贷款、各种形态的储蓄及投资中去。成为代币化的全球加密经济的一部分之后，所有资产都可以追踪，这样，资本的运营就变得透明。由于个人被编入全球加密经济中，国家的意义和边界便会变得模糊。

目　录

01

第一章　宇宙淘金热时代已经开启

02

第二章　与机器人同居的时代来临

03

第三章　AI 元宇宙，崭新的数字世界

04

第四章　逆转衰老与死亡

05

第五章　危机地球，何以生存？

06

第六章　为企业谋划未来的 ESG 生存战略

第一章

宇宙淘金热时代已经开启

未来展望

维珍银河公司于2021年成功试飞了人类首次以太空旅行为目的的载人航天器。目前，宇宙旅行的票价高达25万美元[①]。但是，在不久的将来，就如同去海外旅行一样，我们可以乘坐宇宙飞船在太空酒店“极光空间站”里享受休闲时光。

宇宙飞船虚拟观光的人气也在逐渐上升。维珍银河公司、蓝色起源公司（Blue Origin）、SpaceX、波音公司和美国太空科技公司Orion Span等引领宇宙观光的跨国企业在逐渐完善飞船的性能和设计。这些宇宙飞船已然成了未来主义美学的象征。人们只要一进入入口，便会对未知世界满怀期待，仿真宇宙仓内的灯光让人感受到宇宙的无限神秘。游客们还可以通过无数圆形透明玻璃窗360度欣赏宇宙庄严且壮观的美景。

跨国企业向宇宙的挑战和竞争已经进一步深化。宇宙太阳能发电、宇宙网络项目和宇宙资源开采等宇宙商务领域正在逐步扩大，相关技术的发展速度也令人震惊。目前，埃隆·马斯克（Elon Musk）

① 根据中国银行2022年9月21日外汇折算价，1美元≈7.05元人民币。——译者注

的火星移民计划仍然是争论的焦点。但是，当年把人类送上月球的阿波罗计划也曾让大多数人心存疑虑，正如阿波罗计划最终成功一样，人类向火星发起的挑战也不会停止。

宇宙霸权
席卷全球的宇宙战争，谁是赢家？

月球的第一个城市是此番景象：城市总面积约 0.5 平方千米，居住人口约 2 000 人，整座城市由 5 个被称为“泡沫”的巨大圆顶组成，圆顶的一半埋在地下，它们通过隧道相互连接，地面上没有道路…… 因为月球的重力只有地球的 1/6，走路时不需要太多的能量，所以不需要特别的运输手段。这座迷人的月球城市虽然居住着大量的亿万富翁和游客，但许多工人和罪犯也伴随其中。

这座城市便是《火星救援》（*The Martian*）的作者安迪·威尔（Andy Weir）在科幻小说中以月球为背景描绘的假想城市阿尔忒弥斯（Artemis）。如同小说中描写的那样，人类在月球上建立永久居住地的日子指日可待。世界各国为了抢占开发月球的先机，正在展开比任何时候都激烈的竞争。

无休止的宇宙霸权战争

最近，宇宙开发成了美国、中国、俄罗斯以及欧洲的角逐场。揭开这场宇宙战争序幕的是美国的宇宙开发不再由政府主导，民间企业一跃成为宇宙开发领域的领头羊。特别是世界顶级 IT 企业的大佬们不分你我，纷纷投身宇宙产业，这项产业的版图正在壮大。例如，SpaceX 在美国国家航空航天局（National Aeronautics and Space Administration，简称 NASA）的阿尔忒弥斯计划（Artemith Project）中被选定为登月飞船的民间负责企业。

该项目计划于 2024 年将宇航员送上月球，其目标是实现月球轨道空间站建设和货物运输服务等月球载人探测计划，并以访问火星作为延展目标。自 2021 年—2028 年，计划共有 7 个探测器飞往月球。以无人探测器飞行的 1 号和载有宇航员在绕月轨道上停留后返回的 2 号的经验为基础，2024 年将最先启用 3 号重新搭载宇航员登陆月球。2020 年 2 月，NASA 在火星上成功着陆了“毅力号”（Perseverance）漫游探测器。

苏联发射了世界上首个人造卫星和载人宇宙飞船，但由于经济困难导致的预算减少和腐败等问题，宇宙开发事业未能延续下去。自 1998 年宇宙空间站开启以来，俄罗斯一直与美国共同参与国际空间站（International Space Station，简称 ISS）项目。但是，由于空间站的老化和制裁等原因，俄罗斯表示正在考虑 2025 年退出此项目。

中国正在全面实现“航天崛起”。负责中国国家宇宙计划和宇宙活动规划及开发的中国国家航天局正式宣布，中国火星探测器“天问一号”于 2021 年 5 月顺利在火星着陆。至此，中国成为继美国和俄罗斯之后第三个将探测器成功着陆火星的国家。

此外，如果 2022 年末中国空间站建设完成的话，在 ISS 项目结束时，中国的空间站将会成为唯一的在轨宇宙空间站。据报道，2021 年

7 月，中国独立空间站“天和”核心舱的中国宇航员首次成功进行了太空行走，他们为建设空间站进行了机械臂和摄像机的安装工作。

中国不仅自主建设太空空间站，还在全方位地扩大太空开发板块，其中包括月球和火星探测、太空网络、全球定位系统（GPS）、民间太空旅行等。实际上，自 2014 年开放太空航空市场后，民间的太空开发企业已经激增到 100 家左右，其中包括相当数量的卫星软件和小型卫星开发企业。其中，蓝箭航天空间科技股份有限公司（以下简称蓝箭航天）是中国国内领先的航天运输系统建设及运营的民营商业公司，是 2015 年成立的低价运载火箭开发公司，正在开发最多可将 4 吨货物送入距地面 200 千米地球低轨道的火箭。据悉，蓝箭航天正在进行包括一级火箭燃烧试验在内的最终核验工作。北京星际荣耀科技有限公司旨在成为中国版的 SpaceX，于 2019 年成功发射了自主研发的“双曲线一号”运载火箭。之后，该公司以太空探索技术公司研发的“猎鹰 9 号”火箭为研发目标，正在集中研制发射后一级火箭可垂直降落于地面的“可回收双曲线一号”。

在太空旅行项目方面，中国也在与 SpaceX 和蓝色起源等公司进行角逐。中国的长征火箭有限公司计划在 2024 年之前执行中国首次平民太空旅游项目。最终目标是在 2035 年之前打造单次能容纳 10～20 人的长途旅游团。

决定中国民间航空企业成败的关键在于正在呈快速增长趋势的小型卫星发射市场。根据全球市场调研机构弗若斯特沙利文公司（Frost & Sullivan）的预测，到 2033 年，将有 20 000 颗以上的小型卫星发射，预计 2030 年市场规模将达到 280 亿美元。如果小型卫星发射相关的国际市场快速发展，中国民间航空企业的机会便随之增加，这将

成为中美对决的另一领域。

在欧洲，多个国家以共同设立的欧洲航天局（European Space Agency，简称 ESA）为中心正在进行宇宙开发。欧洲航天局在 1975 年成立后，至今共有 22 个国家通过国际合作将太空开发的效率最大化。从地球观测领域中的海洋气象观测项目到新技术通信卫星的开发和深空探测卫星的发射与运营，欧洲各国合力进行多种太空开发项目。它们的成功案例丝毫不逊色于 NASA。

三位鬼才型财阀，让“新太空时代”提前到来

与国家间的太空霸权之争相比，更有趣的对决反而在民间宇宙产业。世界富豪榜前两位的埃隆·马斯克和杰夫·贝索斯（Jeff Bezos）正在围绕火箭、宇宙飞船、卫星、太空旅行等宇宙产业展开全方位的对决。

为了阻止马斯克一枝独秀，贝索斯加入了阿尔忒弥斯登月计划飞船制造合作企业的竞争。虽然有人预测，拥有阵容雄厚的研究团队的蓝色起源将有可能成为合作方之一，但最终 NASA 只选择了提出更低开发费用报价的 Space X 公司。但是，贝索斯向宇宙发起的挑战才刚刚开始。他在退出亚马逊经营一线时表示，今后将把自己的时间和精力投入蓝色起源。他们都怀揣着开拓人类新家园的梦想，只是推进方式有所不同。马斯克致力于火星城市的建设，目前正以开发中的星际飞船和超级载重火箭来建造未来的火星基地。他的抱负是一次便可以运送 100 人前往火星，开启“百万人居的火星时代”。2021 年，在世界移动通信大会（Mobile World Congress，简称 MWC）上，

SpaceX 公司宣布将启动筹备了 6 年之久的星链服务。星链项目是在地球低轨道上布置 12 000 颗小型通信卫星，以此向全世界提供超高速网络服务。

与前者不同的是，贝索斯的注意力集中在宇宙空间本身。他想象的未来是在宇宙的某个空间里建设模拟地球，那是一个可以自给自足居住的巨大基地，届时人类都能迁移到那个梦想之城。这是从普林斯顿大学物理学教授杰拉德·奥尼尔（Gerard O'Neill）1974 年提出的圆筒形宇宙居住设施"奥尼尔圆筒"中获取的灵感。此外，贝索斯还在准备实施往返于地球与月球，以及与小行星之间的资源开采项目。他的目标是，到 2050 年可以通过太空旅行和资源开采等宇宙产业实现销售额 1 万亿美元。

最近，贝索斯再次向 NASA 方面提出了参与阿尔忒弥斯计划的请求。他的请求诚恳且非常积极，甚至提议如果允许参与月球开发，他将会负担所有费用。如果贝索斯也参与到阿尔忒弥斯计划，民间企业间的探月竞争将更加激烈。

除上述两人外，英国亿万富翁兼怪才 CEO 理查德·布兰森（Richard Branson）领导的维珍银河也加入"宇宙战争"之中。他从美国联邦航空管理局（Federal Aviation Administration，简称 FAA）获得了历史上第一个太空旅行执照，并成功实施了载客太空旅行项目。该公司计划是从 2022 年开始以普通人为对象提供太空飞行服务，维珍银河计划在今后以 20 万～25 万美元的价格出售太空飞行票。据悉，已有 600 人预约了即将启程的太空旅行。

维珍银河对宇宙探索的热情得益于利用运载火箭的飞机作为发射平台，实现了在空中发射火箭的壮举。维珍银河的子公司维珍轨道

（Virgin Orbit）是发射小型卫星运载火箭的专业化企业，早在数年前，便开始策划改造退役的波音飞机，并实施了在飞机上设置火箭发射台进行发射的“运载一号”项目。2021 年 6 月，搭载 2 级火箭“运载一号”的飞机“宇宙女孩”（Cosmic Girl）在加利福尼亚州莫哈维机场起飞，以全新的方式成功发射了火箭。由此，单次发射火箭的费用约 14 万 ~ 29 万美元，远远低于地面发射的费用。

虽然这些鬼才富翁们追求的商业模式和成果略有不同，但是对宇宙的热情却不相上下。这些不断进行颠覆性革新的超级富豪们所展开的太空之争将会让民间主导的宇宙产业——“新太空时代”提前到来。

韩国和日本，宇宙开发新兴国家的梦

新兴国家开始向高附加值的国家产业——宇宙产业发起挑战。就韩国而言，随着废除韩美导弹方针、签署《阿尔忒弥斯协定》、构建韩国卫星导航系统等工作的实施，韩国开始走上宇宙产业化的道路。

韩国的目标是在 2022 年将火箭发射到环月轨道，到 2029 年近距离探测小行星“阿波菲斯”，到 2030 年用国产运载火箭登陆月球。如果这一目标能够顺利实现，那么对月球资源采集的期待值也会提高，例如，制造电动车等所需的稀土类稀有元素、仅用 1 克就能产生相当于 40 吨煤炭能源的氦 –3 等。当然，由于美国与相关参与国家之间的合作体系尚不具体，很难预测韩国在其中所获的实质性利益，而且韩国与他国之间很有可能沦落为技术的从属关系。因此，确立韩国特有的优势是当务之急。

日本文部科学省的日本宇宙航空研究开发机构宣布，计划到 21

世纪 40 年代初，研制出搭载旅客的洲际宇宙飞船。从原则上说，日本的计划与陆基弹道导弹发射方式没有太大区别。火箭在重新进入行星另一侧的大气之前，会沿着大循环轨道炸毁搭载物。这种方式可以在 1 小时内实现洲际旅行。

特别的是，日本关注在火星和木星之间的小行星上蕴藏的稀有金属，在这些小行星探测成就上，日本位列前茅。日本宇宙航空研究开发机构的宇宙探测飞船“隼鸟 2 号”采集到距离地球 3 亿公里的小行星“龙宫”的样本并成功返回到澳大利亚沙漠。今后，日本计划于 2031 年登陆小行星“1998KY26”。

卢森堡是有 60 万人口、国土面积相当于济州岛 1.4 倍的国家。但是，其在宇宙探索中占据的份额比任何国家都大，作为宇宙探索的中坚力量而备受关注。卢森堡副首相兼经济大臣埃蒂安·施耐德（Etienne Schneider）主导了“宇宙资源计划”，并于 2018 年成立了航天局。不仅如此，他们还通过了承认企业在小行星上开采的宇宙资源所有权的法案，并与欧洲航天局签订了研究协议。除此之外，非洲的肯尼亚、津巴布韦等多个国家也新设立了专门的组织机构，旨在投身于宇宙开发。

如上所述，全世界的目光都集中在宇宙上。据摩根士丹利推测，在民间企业的主导下，全球宇宙产业的规模将从 2018 年的 3 500 亿美元增长到 2040 年的 1.1 万亿美元。各国都在朝着“宇宙人类”和“宇宙经济”等新模式的新太空时代发展，在这种背景下，各国的竞争必然会变得越发激烈。人类最后的蓝海战略——对宇宙的渴望，一定会给生活在新世界的元智人打开新的世界。

宇宙新产业
地球之外的资本主义，在宇宙发掘财富

在月球上的资源开采基地，有一个男子在与帮助自己的电脑对话，并孤独地工作着。这名男子就是科幻电影《月球》（*Moon*）的主角山姆·贝尔（Sam Bell，山姆·洛克威尔饰）。他的任务是负责开采只存在于月球表面的资源氦-3，并将其送回地球，但因通信卫星故障，与外界隔绝了3年。也许在不久的将来，这也是我们要亲身经历的事情。

詹姆斯·卡梅隆（James Cameron）的电影《阿凡达》也将宇宙矿物时代作为背景。该片讲述了开采矿物的人类和“潘多拉”行星原住民之间的矛盾和故事。在影片制作完成之后，卡梅隆还实际投资了宇宙矿物公司。这家公司是在地球附近的小行星上开采铂等天然资源的行星资源公司（Planitary Resources）。谷歌的联合创始人拉里·佩奇（Larry Page）、微软出身的亿万富翁查尔斯·西蒙尼（Charles Simonyi）等也投资了该公司。目前，这家公司被区块链企业康瑟斯（ConsenSys）收购。

美国的深空工业公司（Deep Space Industries）开始与卢森堡政府携手开采宇宙矿物。因此，宇宙矿物产业也超越了国家间的竞争，成了民间企业激烈角逐的战场。

卡梅隆的想象成为现实，宇宙矿物时代开启

“今后的亿万富翁将出自宇宙产业。”

美国非营利团体 X 奖基金会的创始人彼得·迪亚曼迪斯（Peter Diamandis）认为，亿万富翁诞生的首选领域是小行星资源开采产业。火星和木星之间的小行星带聚集了 100 多万颗的小行星，这些小行星是拥有无限资源的宝库，相当于一座座丰厚无比的矿山。

但是，为什么唯独小行星在宇宙矿业中备受关注呢？因为大部分小行星没有经历过与地球相同的分化过程，所以含有高纯度的金属资源。根据 NASA 的报告，小行星上除了铁成分外，还有金、铂、镍、镁、硅、铱等多种稀有金属与铁结合在一起。2015 年近距离飞过地球的小行星 2011-UW158 蕴藏着 1 亿吨左右的白金，开采价值达 4 万亿美元。M 型小行星与地核成分相似，含有比未分化小行星多 10 倍以上的金属。

在宇宙矿物中，最受关注的当属氦 –3。氦 –4 由 2 个质子和 2 个中子组成，氦 –3 以氦 –4 失去 1 个中子的结构存在，是生产巨大能源的核聚变发电和宇宙飞船燃料数一数二的理想元素。1 克氦 –3 所产出的能量相当于 40 吨煤炭。因为地球上不存在氦 –3，只能通过核反应堆制造，其造价高达每升 2 000 美元。

据科学推测，月球上的氦 –3 约 100 万吨。按照目前人类的用电标准，这些能量可以为人类供电 1 万年。此外，利用氦 –3 的核聚变发电是不产生放射能的清洁能源。可以说，这是人类梦寐以求的资源。

人类正在进行从宇宙环境中利用微生物来提取矿物质的研究。英

国爱丁堡大学的查尔斯·科克尔（Charles Cockell）教授研究团队在《自然通讯》（*Nature Communications*）上宣布，在空间站中成功进行了利用微生物从玄武岩中提取有用矿物的实验。这种微生物是鞘氨醇单胞菌。地球上20%的铜和黄金都是利用微生物来开采的，我们称之为“生物采矿”。查尔斯·科克尔教授研究团队为了确认生物采矿能否在重力较小的小行星或其他行星上进行，在空间站中进行了“生物岩石”实验。他们在小型生物培养器内加入了小行星、月球、火星等火山岩，也加入了玄武岩和地球上的多种细菌。

实验结果显示，鞘氨醇单胞菌在几乎没有重力的空间站也如同在地球上一样，从玄武岩中提取了镧、钕、铈等稀土类元素。因此，在宇宙移民过程中，就地取材来建设基地的可能性进一步增大。

谁将实现宇宙资源强国之梦?

宇宙资源的开发和利用是未来人类的发展方向，这对各国的经济也会产生巨大影响。世界各国围绕宇宙开发展开角逐的原因也在于此。

加拿大不列颠哥伦比亚大学的研究员亚伦·波利（Aaron Boley）和迈克尔·拜尔斯（Michael Byers）在《科学》上发表的论文中提到，最近美国的政策导向是将国际宇宙项目合作集中在短期性和商业性利益上。这项研究基于NASA的几项规定：第一，美国公民和企业需要遵守根据美国法律而制定的宇宙资源持有和销售的权利法案——《美国商业太空发射竞争法》；第二，所有想要参与阿尔忒弥斯计划的国家必须签署相关协定。

如此一来，便无异于宣布宇宙的商业开采不是根据国际法，而是根据美国法律来进行规范的。这些协定的核心是在月球上设置不受竞争国家或其他企业干扰的“安全地带”，并通过国际法承认矿物等资源的所有权。

目前，国际社会正在推动对该法案的批判。因为美国想利用自身所处的支配地位来诠释国际法，并达到促进宇宙开发的商业目的。另外，宇宙资源的开采有可能破坏含有宝贵科学信息的宇宙堆积物，还有可能诱发对宇宙车辆造成严重伤害的大量月球灰尘的产生，增加宇宙垃圾的数量或对卫星造成威胁，也有可能生成对地球产生影响的陨石。

但实际情况是，我们很难阻止美国在此领域的进展，因为在宇宙探索中，美国如同占有了宇宙飞船的驾驶舱一样。不过，中国突飞猛进的态势也是无人可挡的。以创新企业为主导，中国版“新太空”的态势已经开启。中国民间航空企业多达 100 余家。中国宣布，到本世纪中叶，将会建设 10 万亿美元的地月空间经济区，这也预示着中美太空竞争的新局面将会到来。

宇宙卫星网
卫星网络，取代地面网络？

2021 年 5 月，在旧金山天空中出现了 10 多束巨光，目击这一景象的人们在社交网络软件（Social Networking Software，简称 SNS）上写道：“UFO 现身了。”最近，日本也出现过在天空中发出明亮的光芒，并以直线移动的事件。然而，这些并不是人们所说的 UFO，而是星链卫星。据悉，SpaceX 正在有条不紊地推进向全球提供星链网络服务的计划。

星链是通过发射 12 000 颗低轨道小型卫星，来构建覆盖全球的超高速网络服务的项目。2021 年 5 月，已经完成了星链的第一个轨道卫星网的构建工作。目前，该项目已为部分国家以每月 99 美元的费用提供测试服务。

连接全球的破坏性卫星网络——星链

卫星网络项目是继太空旅游之后备受关注的太空领域之一。根据全球投资银行摩根士丹利的预测，2040 年，低轨道卫星通信服务市场将达到年均增长 36%。在不久的将来，以人工智能为基础的无人驾驶汽车或城市航空交通系统（Urban Air Mobility）等得以实现后，对卫星通信服务的需求将会持续增加。目前，全球互联网普及率为 55.1%，如果宇宙互联网扩展到全球范围，将创造巨大的新型服务需求。

目前，我们使用的卫星大多运行在距地面 3.6 万千米上空的“静止轨道”上，虽然可以扩大传送范围，但数据传输时间较长，因此很难提供超高速网络。相反，星链卫星漂浮在距地面 550 千米的轨道上，因此网络传输速度更快。据推测，目前星链的网速约为每秒 100 兆位，比韩国网速快 4 倍左右。如果星链实现 1 000 兆比特的目标，将比现在的网速快 10 倍。

SpaceX 计划到 2027 年 3 月，分阶段建立称为“Shell”的 5 个轨道卫星网，现在已经完成了第一阶段卫星网络项目。如果到 2025 年，可以将 12 000 颗卫星发射到指定轨道，SpaceX 的人造卫星普及率很有可能占据世界市场的一半。除此之外，低轨道人造卫星网络与云计算相结合的项目正在趋于正规化运作。

谷歌已经签署了向 SpaceX 的星链项目提供云服务的合同，该服务已于 2021 年下半年启动了以法人客户为对象的业务。微软也在 2020 年与 SpaceX 签订了将本公司的云计算平台 Azure 连接到星链的合同。

星链是向全球所有地区和人们提供卫星网络服务而开发的卫星星座项目。马斯克曾说："这是可以改变我们观察和认识世界方式的伟大创举。"这番话预告了新时代的技术革命。通过与 Neuralink 的合作，星链即将进军人工智能、机器人学及区块链技术等领域。

总之，星链正在以惊人的速度发展。SpaceX 还研制了抗反射涂层的"暗星"（DarkSat）卫星和装有防反射面板的"防反射星"VisorSat 卫星，并成功进行了试射。因为在地球低轨道运行数千颗卫星的话，卫星反射的光会妨碍地面对天体的观测，这也是 SpaceX 对天文学界抗议的积极应对措施。

星链的最大优点是成本低廉、性能卓越。SpaceX 的自产火箭"猎鹰 9 号"一次便可以将用于星链的 60 颗低轨道卫星送达指定位置。再者，SpaceX 具备了单次发射大量火箭的能力，而且运载火箭在很大程度上可以反复利用。

星链可以让世界任何角落的人都能简便快捷地上网，因此，网络通信不稳定的第三世界国家是最大的受益者。目前，在菲律宾的海边或乌干达坎帕拉也可以不间断地收看网飞（Netflix）。

抢占黄金市场的美国和奋力追赶的中国

为了打破星链的垄断格局，中国做出了积极回应。中国政府直接在新的基础设施建设名单中增加了卫星网络这一项，并成立了以构建和运营低轨道卫星网络为目标的中国卫星网络集团有限公司。公司计划以 SpaceX 为目标，共发射 13 000 颗通信卫星。中国卫星网络的名称是“国网”，其意思为“国家网络”。

随着中国政府在新一代基础设施中增加了卫星网络，民间卫星企业也变得更加活跃起来。北京市的通信技术开发在 2021 年 5 月吸引了 3 800 万美元的投资，走在了网络卫星平台开发的前沿。未来 3～5 年，中国网络卫星产业将迎来爆发式增长，预计发射 3 万～4 万颗卫星。这一规模仅次于 SpaceX 等美国卫星互联网企业计划发射卫星的总和。

卫星网络威胁着人类的生活？

从全球任何地方都可以快速使用网络这一点来看，卫星网络产业起到了至关重要的作用。但是，我们也不能忽视它的副作用。加拿大不列颠哥伦比亚大学研究团队在国际学术杂志上发表研究结果称，为构建“宇宙网络”而发射的人造卫星可能会引发严重的全球性气候问题。人造卫星与大气摩擦时，机身中含有的铝会散落于太空。如此一来，铝便会反射宇宙中的阳光，这种情况如果持续下去，地球将面临“低温危机”。

面对即使努力减少碳排放也无法减缓全球变暖速度这一难题，该原理成了地球工程学者们的最后王牌。但是，如果大量人造卫星坠落，地球上反而会出现任何生命体都无法生存的严寒天气。其结果就是，全球气候系统将发生紊乱。

另一个副作用是会产生大量的太空垃圾。据 SpaceX 计划，到 2027 年，共计发射 12 000 多颗重 260 千克的小型卫星。这样算来，其重量可达 3 100 吨。可是，如果这些卫星寿命终结，每天约有 2 吨残骸坠落到大气层，从而形成太空垃圾。长此以往，可能会对天文学观测和无线电收发产生不良影响。为寻求解决方案，SpaceX 将星链卫星的轨道从 600 千米降低到了 550 千米。此外，他们还发射了携有反射阻挡膜的原型卫星，并附加了遮光罩。

但在实际操作上并非如此简单。因为 SpaceX 计划再发射 3 万颗左右的卫星，包括中国民间卫星企业在内，蓝色起源和得到英国政府资助的宇宙开发企业 OneWeb 也在加快卫星网络项目建设的步伐。假如没有更具体、更彻底的解决方案，卫星网络今后将会演变成重大问题。

宇宙太阳能发电
宇宙中相遇的太阳电力，拯救地球的神器

“如果顺利的话，月球太阳能发电站在 2019 年建成，并向地球输送电力。”

这是 1984 年加拿大《多伦多星报》（*Toronto Star*）刊发文章的部分内容。该文章的作者还预测用微波传送能量，虽然他预测出现太

阳能发电的时间与实际有些出入，但与今天的宇宙太阳能发电站概念大体一致。那么，最先提出“宇宙太阳能发电站”这一创意的人是谁呢？

令人吃惊的是，最早提出这一概念的既不是科学家，也不是企业家，而是美国科幻小说家艾萨克·阿西莫夫（Isaac Asimov）。早在1941年，他便通过短篇小说《缘由》（*Reason*）提出了在空间站进行太阳能发电并向地球传送电力的概念。他还强调，这将成为人类共有资产中的第一套设备。不仅如此，艾萨克·阿西莫夫还描绘了大量宇宙未来的图景。除了上述的宇宙太阳能发电之外，他还预测了地球上无法进行的宇宙实验室、拓宽宇宙认知的宇宙天文台、利用宇宙特有资源制造地球上无法生产的物质的宇宙工厂。

艾萨克·阿西莫夫对未来的惊人洞察力给了埃隆·马斯克无限灵感。据说，马斯克在阅读了蕴含人类兴衰的科幻小说《基地》（*Foundation*）后便开始怀揣奔赴宇宙之梦。

宇宙太阳能发电，小说中的故事成为现实

据美国政府预测，到2050年，电动汽车的使用将使全球能源需求增长接近50%。到那时，可再生能源必须达到可以代替煤炭、石油及天然气等传统能源的产量。因此，太阳能、风力、水力、潮汐、生物燃料等代表性的可再生能源正受到各方的关注。但是，太阳能在到达地面之前会因反射损耗30%左右。即便是已穿过宇宙的太阳光，也会因云层、灰尘、大气等而散射部分光能。这样一来，到达地表的太阳能利用率会大幅下降。特别值得注意的问题是，只有在太阳光照

射的白天才能进行发电，并且根据季节的不同，发电效率也会有很大的差异。

在宇宙中的发电情况却截然不同，它无关乎天气，只要能将 24 小时发电的宇宙电力输送到地面，就能产出高于地面太阳能近 10 倍的电力。让我们畅想一下行走在太阳轨道上的巨型太阳帆吧。它所捕获的能量被转换为能量波，然后通过微波传输到地球上的接收天线。这种传输方式与现在的激光束一样，不受地球大气及云层的影响，该能量可以在地球上重新转换成电能。为了实现这一目标，必须向数万千米以外的目的地传送电力，并在宇宙轨道上建设数万吨重的超大型设备群。克服这一挑战将不再是遥不可及的事情。

宇宙太阳能发电的必经之路

2021 年 2 月，美国有线电视新闻网（Cable News Network，简称 CNN）报道称，美国海军首次在宇宙中成功地进行了太阳能发电站的相关试验。国际空间站和宇宙飞船已经用太阳能电池板发电。宇宙太阳能发电站的作用是进一步将宇宙电力传送到地球或其他行星上。

美国海军在无人小型航天飞机 X-37B 上发射了装有“光电射频天线模块”（PRAM）的小型卫星。该项目旨在利用太阳电池将太阳能转换成电能，然后通过微波传输到地球上。美国海军研究所的保罗·杰斐（Paul Jaffe）博士表示：“像比萨盒大小的 PRAM 装置便具有传送 10 瓦电力的能力，这些电力足以维持一台平板电脑工作。”据悉，该项目组的目标是建设一个由几十块太阳能电池板组成的太阳能农场。

除美国以外，还有很多国家都在致力于研究宇宙太阳能发电，日本便是首批研究宇宙太阳能发电的国家之一。日本宇宙航空研究开发机构从20世纪80年代开始逐步推进发射安装太阳能电池的人造卫星，并计划于2030年运营100万千瓦级的商用宇宙太阳能发电。

中国从2006年开始投入国家预算进行宇宙太阳能研究。目前正在重庆市建设模拟基地，其目标是在2030年将1兆瓦级太阳能发电卫星发射到地球的静止轨道上。此外，2050年，中国计划将1 000 000千瓦级太阳能发电卫星送入轨道并实现商用化。俄罗斯、欧盟及印度也制定并推进其各自的宇宙太阳能发电的计划。

艾萨克·阿西莫夫希望能利用宇宙太阳能找到地球和平之路。他认为，随着全世界人类共同分享月球上制造的电力，各国间将会加强合作，战争也会随之消失。但是，现实并非如此。每个国家都在试图建立太阳能发电站，而且那些图谋不轨的人可能会利用该技术制造巨大的宇宙激光，所以需要与太阳能发电的激烈竞争相匹配的是，防止将其武器化的国际合作显得尤为重要。

宇宙垃圾产业
全球资金涌入太空垃圾清扫业

在2092年的某一天，因环境污染和气候变化导致地球遭到破坏并沙漠化。之后，宇宙开发企业“空中乌托邦”（Utopia Above the Sky，简称UTS）在卫星轨道上建造了人类的新家园。人类在定居火星之前，只有极少数人可以获得正式签证从而到“空中乌托邦”居住。那么没有被选中的人们将何去何从呢？他们当然会被遗弃在地球，过着举步维艰的生活。但是，除了这些人之外，还有可以往返于地球和“空中乌托邦”的人，他们就是宇宙垃圾清洁工。虽然这是电影《胜利号》的故事背景，但极有可能成为2092年宇宙的真实面貌。

事实上，宇宙垃圾已经开始堆积，这是人类在不久的将来便会面临的问题之一。那么宇宙垃圾为什么会产生呢？因为各国在相互竞相发射卫星的同时，并没有进行太空清理工作。寿命已尽的人造卫星和宇宙发射体的残骸会留在轨道上，这样就形成了宇宙垃圾。如果像电影中讲述的那样，未来出现极端的两极化社会，那么清除宇宙垃圾的危险工作将成为工人阶级的新型工作，宇宙中将会升起载着他们去工作的清洁飞船。

威胁新太空时代的宇宙垃圾

宇宙的神奇和它赐予的恩惠如同电的发明一样，可以成为人类历史的新转折点。面对地球上的诸多挑战，人类开始在宇宙中寻找解决方案。但是，由于卫星逐渐掌握宇宙的主动权，宇宙将变得越来越混乱，随之发生冲突的可能性也越来越大。我们将其称为“凯斯勒症候群”（Kessler Syndrome），这是NASA顾问唐纳德·凯斯勒（Donald Kessler）于1978年提出来的理论，也是宇宙产业发展最坏的后果。根据该理论，如果地球低轨道的物体密度超过一定水平，物体之间就会发生碰撞，从而产生各种宇宙垃圾。如此一来，宇宙中物体的密度就会越来越高，发生碰撞的可能性也会随之不断提高。

NASA在《宇宙残骸监测报告书》中指出，约9 000吨的宇宙垃圾在 400～1 000 千米的低轨道上飞行，直径在 10 厘米以上的碎片有 2.6 万个，1 厘米左右的碎片已经超过 50 万个。据推测，肉眼观测不到的 1 毫米左右的碎片超过 1 亿个。

在宇宙中，这种太空垃圾的速度可达时速 2 万千米，比子弹的速度还要快。因此，如果人造卫星被 1 毫米大小的碎片击中的话，便会丧失所有功能，从而成为新的宇宙垃圾。如果人被击中，极有可能威胁到生命。

今后，这些问题会急剧增加。美国和中国为了构建宇宙网络，正在争先恐后地发射低轨道通信卫星。俄罗斯再次启动宇宙计划，欧盟也加入了宇宙竞争的行列。为了避免在现实中出现电影中因人造卫星碎片引发事故的场面，人类必须迈到宇宙垃圾处理的前沿。

宇宙垃圾产业的角逐战

“清洁工们为了一点工钱，冒着生命危险追逐比子弹还快 10 倍的宇宙垃圾。”

这是在电影《胜利号》中一名记者对宇宙开发企业 UTS 的 CEO 说的话，直指支配性宇宙企业所制造出的不公平现实。在电影中，企业通过宇宙开发赚取巨额资金，而在此过程中产生的残骸则通过廉价劳动力去清理。但与电影显示不同的是，实际制造“胜利号”的企业将会获得巨大的收益。

与宇宙垃圾产业相关的企业已经陆续登上历史舞台。开发宇宙清理技术的代表企业之一是瑞士的“太空清洁”（Clear Space），其在 2019 年与欧洲航天局签订了 1.04 亿美元的宇宙垃圾回收合同。预计到 2025 年，“太空清洁”将成为世界上第一个进行太空垃圾清理的企业。“Clear Space-1 号”通过有 4 个机械臂的机器人卫星进行宇宙垃圾的清理，机器人卫星进入轨道后，装载的传感器会感知宇宙垃圾并向其靠近，然后用 4 个机械臂包裹垃圾并朝着地球推送。宇宙垃圾坠入大气层后，机器人和残骸就会因摩擦热而全部被烧毁。

日本也在宇宙垃圾处理产业中崭露头角。宇宙清洁企业 Astroscale 研究了一种清理宇宙垃圾的模式，它是利用机器人卫星粘住宇宙垃圾后坠落到大气层。到目前为止，该企业共吸引 210 亿日元的资金，目标是到 2023 年实现服务商业化。2021 年 3 月，日本将宇宙残骸回收卫星“ELSA-d”搭载在俄罗斯的“联盟号飞船”（Soyuz）上，并将其送入地球低轨道。

俄罗斯的航空企业“Start Rocket”正在开发利用“泡沫碎片捕手”技术回收宇宙垃圾的卫星。倘若按计划完成，将于 2023 年发射升空。圆筒形卫星在宇宙垃圾聚集地释放出黏稠的聚合物泡沫，继而让垃圾碎片粘连在一起。之后将它们坠入地球大气层，利用摩擦热的方式将垃圾销毁。

澳大利亚的电子光学系统控股有限公司（EOS）表示，历经 7 年的努力，已经研制出了在地球表面便可将威胁轨道的宇宙垃圾销毁的强力激光。这种激光可以准确追踪和狙击环绕地球轨道的残骸，如果正式投入使用，宇宙将成为比现在更安全的空间。

根据澳大利亚媒体“9News”的报道，该系统实际上由两个激光组成。第一道耀眼的橙色激光用于瞄准特定宇宙垃圾，第二道激光辅助排列狙击。然后，比第一道激光更强大的第二种激光脱离轨道，并发射到更远的宇宙空间。这项技术的特别之处是，激光在对大气进行反射后，以每秒更新数百次的地图为基础来修改地面的激光束，因此可以完全掌握宇宙情形和狙击宇宙垃圾。

韩国也在谈论研发相关技术。从政府出台的《2021 年度宇宙危险应对实施计划》来看，将投入约 130 亿韩元[②] 的预算来开发应对宇宙物体的碰撞或宇宙危机的技术。另外，韩国还计划参与旨在开发宇宙垃圾清理技术的机构间空间碎片协调委员会（InterAgency Space Debris Coordination Committee）、国际民用航空组织（International Civil Aviation Organization）等国际协议团体。

宇宙旅行 & 宇宙娱乐
百万YouTube用户正在宇宙拍摄

“这次假期旅行打算去哪里？”

“既然如此，那就去太空吧！再拍一些视频传到 YouTube 上。”

“那我们就先看看 SpaceX、蓝色起源、维珍银河都有哪些宇宙旅行套餐。”

去太空度假旅游的日子指日可待。往往就是如此，未来远比我们想象的更快到来。总部设在美国佛罗里达州的宇宙旅行公司“太空远景”（Space Perspective）已经开始销售平流层的宇宙旅行船票。他们正准备用充满氢气的巨大气球上悬挂着名为“太空远景”的太空船，

② 根据中国银行 2022 年 8 月 18 日外汇折算价，1 韩元≈0.0051 元人民币。——译者注

以时速 19 千米的速度在平流层旅行。

该项目的票价为每个座席 12.5 万美元，8 名乘客和 1 名飞行员可以在宇宙飞船中度过 6 个小时的时光。在 30 千米高空进行的平流层旅行中，可以看到在一般高度无法企及的另一番景象。

杰夫·贝索斯，用宇宙旅行来纪念隐退

辞去亚马逊 CEO 职务的杰夫·贝索斯在自己的照片墙（Instagram）账号上发布了宇宙旅行计划，他写道："从 5 岁开始，我就梦想着去太空旅行。7 月 20 日，我将与弟弟一起前往太空。我要和最好的朋友踏上这段伟大的冒险。"贝索斯如愿按照计划完成了太空之旅。2021 年 7 月 20 日，他们乘坐蓝色起源的新雪帕德（New Shepherd）火箭，成功完成了超越 100 千米高度的太空飞行。此次太空旅行共载有 4 名乘客，突破了外太空与地球大气层的界线"卡门线"。

随着此次太空飞行的成功，蓝色起源正式开启了宇宙旅游项目的开发。来自 136 个国家的 5 200 多人参加了 New Shepherd 登机牌的拍卖，一个座席的竞拍价达到了 240 万美元。最终，登机牌以 2 800 万美元的价格售出。今后推出的旅游项目价格预计将达到每位 20 万美元。

在准轨道宇宙旅行市场与蓝色起源进行竞争的维珍银河的总裁理查德·布兰森比贝索斯更早进行了宇宙飞行，而且他已经成功完成了初期计划。2021 年 7 月 11 日，他从新墨西哥州修建的宇航中心乘坐维珍银河公司的太空船"VSS Unity"飞向太空。可惜的是，他未能到达卡门线，只是在卡门线附近暂时体验了失重状态，在眺望地球后便返航。但是，以这次成功飞行为起点，维珍银河开启了宇宙旅行的爆炸时代。

人人皆可去太空旅行的那一天即将到来

“人类要在火星上新建城市，缔造太空旅行的文明。我们不再只停留于地球上，而要成为居住在多个行星上的物种。”

正如梦想着人类移居火星的埃隆·马斯克所说，太空旅行的文明正在快马加鞭地到来。由埃隆·马斯克引领的SpaceX于2021年9月15日在佛罗里达州肯尼迪航天中心成功发射了载有4名普通乘客的“龙飞船”（Crew Dragon），该旅行项目被称为“启迪4”（Inspiration 4），由电子支付平台Shift 4 Payments的共同创始人兼首席执行官贾里德·伊萨克曼（Jared Isaacman）策划，他亲自参加并指挥了旅行过程。此次飞行首次实现了专业飞行员不同乘，只由平民操作便实现环球旅行。其旅行时间为3天，每1小时30分钟绕地球一周。

与理查德·布兰森和杰夫·贝索斯的太空飞行相比，人们普遍认为，此次太空飞行有了突破性进展。布兰森乘坐维珍银河的宇宙飞船飞行到86千米的高度，贝索斯乘坐蓝色起源火箭突破了100千米的卡门线后返回地球。但是，这是在短短几分钟内体验几乎没有重力的“微重力”状态下的低轨道飞行。相反，SpaceX宇宙飞船在发射10分钟后进入了高度575千米的轨道，这一高度比国际空间站高出了160千米。

SpaceX计划以此次太空飞行为契机，加快了宇宙旅游的进度。2022年初，退役的前宇航员和3名企业家飞往国际空间站，他们计划进行为期一周的ISS体验旅行。另外，SpaceX还计划于2026年向火星发射载有100名乘客的星际飞船“Starship”。

中国也开始向宇宙旅行发起了挑战。中国长征火箭有限公司于2024年着手进行民间宇宙旅游项目，该项目的目标是，到2035年，组建能够容纳 10～20 人的长途旅行团在 35～300 千米高空飞行。长征火箭的成立将开启中国航天产业的商业化时代，并带动民间企业在太空旅行等多个领域的投资。

随着民间宇宙飞船开发企业的飞跃式发展，普通人也可以去宇宙旅行的时代即将开启。目前最大的问题是费用，人们也在研究以低廉的价格实现太空旅行的方法，这十分值得期待。诸多方法中，最具代表性的就是“太空电梯”。

大约在 110 年前，人们就有过研制太空电梯的想法。1895 年，俄罗斯科学家康斯坦丁·齐奥尔科夫斯基（Konstantin Eduardovich Tsiolkovsky）提出了电梯沿着紧绷的长电缆移动的创意。地球静止轨道是指卫星垂直于地球赤道上方的正圆形地球同步轨道，地球静止轨道上的卫星只能观测到地球的一面。因此，如果将距离地球 10 万千米的空中基地和地球用特殊绳索连接起来，就可以不间断地进行往返。基于此原理，宇宙电梯可以利用重力下降，用电力或自身的动能上升。

实际上，日本一家公司正基于此点进行太空电梯的研制。据悉，该公司计划在 2025 年之前在地球上建立固定电缆的基地，到 2050 年完成太空电梯的建造。

除此之外，太空电梯的相关研究也在持续进行。剑桥大学天体物理学家赛佛·潘诺莱（Zephyr Penoyre）和哥伦比亚大学天文学博士艾米莉·桑德福德（Emily Sandford）在 arxiv.org 上表示：“可以利用现有技术开发类似太空电梯的设施。”他们所言的太空电梯并不是指从地球到宇宙的电梯，而是从月球表面连接到地球静止卫星轨道的电梯。

如果利用这种太空缆，运输物资所需的燃料将会减少 2/3。虽然至今该方法的可行性方案还没有具体化，但是与现有的太空电梯相比，它能够以更低的成本进行物资运输，单从这一点来看，该项目便值得关注与研究。

宇宙房地产时代即将来临

现在已有出售月球土地的公司。美国人设立的房地产公司“月球大使馆”（Lunar Embassy）在全世界范围内已与600万名以上的顾客达成了880万美元以上的月球土地交易。那么，月球土地如何交易呢？迄今为止签署的太空条约是国家和政府团体之间的协定，利用这一盲点，他们便主张个人可以拥有月球土地的所有权。

实际上，1980年旧金山地方法院便承认了个人对月球的所有权。月球大使馆以这条法律为依据，正以大约每英亩20美元的价格出售月球土地。在美国，卡特前总统、布什前总统、电影演员汤姆·克鲁斯等人均购买了月球土地。

美国的新兴航空企业毕格罗宇航公司（Bigelow Aerospace）开始进行新一代商业空间站的建设和旅游项目。由酒店大亨罗伯特·毕格罗创立的该公司正在将可膨胀的球形宇宙居住舱与ISS进行联合测试，他们的目标是到2022年制造出可膨胀的宇宙居住舱，并将其送入太空。至今，该项目已经进行了1年以上的测试，在空气压力、放射线数值、安全性等方面均得到了良好评价。

NASA正在利用3D打印机建造未来火星居住区的“火星X-House”，即利用3D堆积技术自动制造居住设施。拥有3D打印建造技术的SEArch+和Apis Cor正在通过公开竞争建造宇宙居住模型。

卫星广告的时代即将到来

现在是网络广告的时代。与大型建筑物的电子屏幕和公交车广告等线下广告相比，在各种网络平台上的广告投放量持续暴增。不仅如此，在太空中可以看到广告的时代正悄悄来临。俄罗斯的太空创业公司StartRocket表示，将利用人造卫星搭建广告平台。并且，该公司计划利用比普通卫星价格低廉的超小型卫星，通过反射太阳光，从而在空中显示出标志或广告语。如果StartRocket的科研计划获得成功，在不久的将来，人们仰望到的不单是满天繁星，还能看到挂满广告语的夜空。

加拿大研发公司GEC也计划与SpaceX合作发射广告卫星。GEC的联合创始人塞缪尔·瑞德（Samuel Reid）表示："为了在天空中显示广告影像和标志等，目前正在开发安装有自拍杆和单面显示屏的'立方卫星'（CubeSat）。"其有望在2022年搭载在SpaceX的猎鹰9号火箭上飞向太空，如果该人造卫星顺利进入宇宙轨道，卫星侧面的自拍杆将对卫星上的显示屏画面进行拍摄，视频也将在YouTube或Twitch等视频网站实时转播。

在宇宙广告时代即将到来之际，很多人会担心这是破坏正常夜空的行为，也会妨碍信息传播。在美国，也有立场表明有必要对此进行法律限制。无论如何，最重要的是，有必要慎重讨论这一行为对航空安全产生何种影响。

在宇宙中吃喝玩乐的"宇宙娱乐"时代即将开启

美国的宇宙开发公司Orbital Assembly计划于2027年建成全球首

家太空旅馆（Voyager Station）。该酒店将模拟相当于地球 1/6 的重力效果（月球重力），也会成为人类第一个商用空间站。该空间站将建在距离地球表面 500 千米的上空，内部将配备 24 个居住型模块和大型餐厅、电影院、音乐厅等超豪华设施。其最多可容纳 400 人观看太空秀，还可以品尝冷冻干燥冰激凌等太空食物。

游客们可以在休息室内欣赏宇宙风景，感受月球重力，还可以体验篮球或攀岩等运动。另外，随着每 90 分钟便可以绕地球一周，地球的各个角落尽收眼底。人们也可以走出空间站，体验惊险刺激的太空漫步。据悉，享受 4 天 3 夜的太空旅馆需要 5 000 万美元。

2021 年 12 月，被称为日本鬼才的亿万富翁前泽友作和他的摄影师平野洋三乘坐“联盟 MS-20”前往空间站旅行。前泽友作此行有两个目的。其一，在飞往月球之前，体验稍近的太空飞行。前泽友作购买了 2023 年环月飞行的 SpaceX 星际旅行的 8 个座位，目前正在招募一起旅行的同伴。其二，开发创意性的娱乐项目。他正在征集在宇宙中可以实施的各种创意，比如在太空中玩《精灵宝可梦 GO》等荒唐而奇特的创意正在陆续被接受。最有趣的是，前泽友作通过 SNS 和 YouTube 持续分享他的太空旅行计划及体验过程，这引起了大众的关注。他计划在空间站停留期间，把自己想法的实现过程拍摄成视频，并在 YouTube 上公开发布。这可以说是宇宙娱乐的开端。

据《纽约时报》报道，宇宙正在成为旅游和娱乐活动的崭新舞台。得益于 SpaceX、蓝色起源等一掷千金的宇宙开发竞争，以及它们想要开拓新市场的挑战意识，太空旅行即将和海外旅行一样普遍。并且，取代电脑图像为背景，以实际宇宙为背景的电视节目播出的时代即将开启。

实际上，世界著名的广播公司和制作公司已经在策划以太空旅行为素材的节目。首先，纪录片频道探索频道表示，将于 2022 年开播宇航员选秀节目。该节目的名称为《谁想成为宇航员》(*Who Wants to Be an Astronaut*)，将有 10 名参赛选手为了成为宇航员进行各种考验和竞争，最终胜选的参赛人员将幸运地乘坐 SpaceX 的猎鹰 9 号火箭访问离地面 400 千米的宇宙空间站。探索频道计划通过电视秀的形式转播普通人前往太空旅行的全过程，该选秀节目是由美国休斯敦的创业公司 Axiom Space 筹划的。

在宇宙中的电影制作也在稳步实施，演员汤姆·克鲁斯（Tom Cruise）将在空间站拍摄新的科幻电影。此外，俄罗斯导演克里姆·希彭科（Klim Shipenko）和演员尤利娅·佩雷西尔德（Yuliya Peresild）也将前往空间站制作电影，他们决定将电影拍摄制作的过程在俄罗斯电视第一频道中播出。

如今，在宇宙中制作的真人节目成为新的趋势。YouTube 粉丝人数达到 5 000 万或 1 亿，获得频道图标或红色按钮的世界级主播在宇宙中制作节目的日子指日可待。

宇宙治理
“重返月球”取决于宇宙治理

不知哪一年，5 月的一天，火星人来到了地球。事先得到消息的美国总统詹姆斯·戴尔已经做好了迎接他们的准备，重要的是，人类想和他们建立和平关系。实况记者、研究火星人的博士、地球守卫队等都严阵以待。终于，火星人到达了地球，唐纳德博士开始用翻译器与火星人对话。但是，情况与想象完全不同。突然态度转变的火星人开始实施屠杀，甚至在谈判后的致歉演说中又进行了肆意大屠杀。最终，火星人拒绝了和平。

这是蒂姆·波顿导演的《火星人玩转地球》（*Mars Attacks!*）中的场面。因为我们面对的是未知世界，所以可以想象出多种情形。但是，展现出多重面孔，处于虚构中心的火星迟早会被我们揭开神秘的面纱。不仅仅是火星，人类向往宇宙的好奇心驱使着我们探索其中的奥秘，从而不断地认识宇宙，并从中寻找新的机遇。

宇宙治理能够开启新太空时代

“火星很忙。”

2021 年初，世界权威科学杂志《自然》对各国的火星探测接力进行了这样的表述。阿联酋的第一艘希望号火星探测器（Al-Amal）在 2 月份进入了火星轨道。如此一来，被认为是航天领域落后之国的阿联酋成为世界上第 5 个向火星发射探测器的国家。就在希望号火星探测器进入轨道 20 小时后，中国火星探测器“天问一号”也成功进入火星轨道。一周后，NASA 的火星车“毅力号”在火星表面着陆。随着 SpaceX 再利用火箭的成功，加之太空旅行的正规化等，宇宙产业在确定蓝海战略后，一些后起之秀也竞相步入此领域。

至此，航天宇宙产业不再是发达国家的专享领域。在不久前，宇宙产业还以部分发达国家为中心发展，但现在情况改变了，中国和印度通过国家的果断投资，瞬间进入了航天发达国家的行列。不仅如此，最近处于经济劣势的国家也在加快发展航天产业的步伐。卢森堡、希腊、沙特阿拉伯、土耳其、阿联酋、肯尼亚、菲律宾等国家的共同点是什么呢？它们组建专门负责宇宙产业的新政府组织，所以它们都是构建“宇宙管理”的国家。除这些国家之外，最近5年内共有16个国家成立了类似NASA那样的太空组织。

卢森堡并不研发火箭，而是致力于强化卫星服务，重点打造全球宇宙风险投资或新兴企业蜂拥而至的生态系统。他们还提出了建立开放的宇宙生态系统，以此来吸引海外优秀航天企业共同发展的蓝图。为实现这一目标，他们正在运营制定和执行政策的组织——“卢森堡航天局”（Luxembourg Space Agency）。

此前，能够投入巨资的发达国家抢占了宇宙市场。如果称其为“旧太空”（Old Space）时代的话，通过开放的政策和技术革新，不仅是国家，民间企业也可以直接进军宇宙探险的“新太空”时代。美国和欧洲已经把太空产业的主体从政府转移到以硅谷创新企业或风险投资公司为中心的民间，它们计划与人工智能、大数据等新技术相融合，来开启另一个革新时代。

摆在韩国面前的宇宙开发机会，时隔42年能敲开这扇门吗？

“就连拥有50多年开发运载火箭经验，以民间产业为雄厚基础的美国在开发尖端火箭时也会屡屡失败。（韩国）充其量也只具备制造‘谱尼汽车’的水平，竟突然要求制造最高级别的‘劳恩斯’……”

这是韩国宇宙研发机构人员的发言。在新太空时代，韩国虽然开始关注太空商业，但鉴于技术实力和政府支持等各方面均处于极为不利的情况，大跨步迈进宇宙产业是遥不可及的事情。那么，目前韩国的宇宙开发处于什么位置，未来前景又如何呢？

从目前来看，韩国在宇宙开发的经验和政府投入上都是不够的。为解决这些问题，有必要效仿发达国家的初期模式。政府应该主导航天基础设施等产业，并且调整相关规定，将经验传达到民间，扩大航天事业的领域。但是，政府在制定 2022 年度国家研究开发预算案时，全面削减了 1.5 万亿韩元的“世界号”性能提升预算。因此，曾参与“世界号”发动机及燃料桶、整流罩（货物搭载舱）、发射台等研发的人力和装备不能发挥应有的作用。

最重要的是，韩国没有连续性的宇宙开发政策和长远的发展蓝图。在“世界号”出现之前研发的“罗老号”经历了 3 次失败后，宇宙开发项目实际上已经陷入中断状态。在预算规模上，韩国也很难赶上其他发达国家。特别是目前形成了在短期内需要取得成果的研究开发氛围，很难对以失败来积累经验的宇宙产业进行果断的投资。因此，更加突显了建立连接政府和研究机构、民间企业的宇宙开发治理体系的必要性。

当下是世界各国向着宇宙商业化的目标而展开无限竞争的时代。在这种背景下，韩国应该做出怎样的努力呢？值得庆幸的是，随着小型人造卫星研发技术、大数据处理技术和人工智能的发展，宇宙产业的领域正在逐渐扩大。最关键的是，具备世界水准的卫星技术提供了保障。另外，通过韩美首脑会谈，时隔 42 年终于废除了将导弹的最大射程限制在 800 千米的《韩美导弹协定》。除了导弹射程之外，各种细节条款也被完全解除，这为正式开启宇宙开发的全盛时代奠定了基础。同时，这也意味着韩国可以在赤道附近海域发射在宇宙开发中具有核心地位的运载火箭。

与此同时，韩国还参与了阿尔忒弥斯项目。该项目的目标是在2024年前让航天员登陆月球，于2028年前在月球南极附近建设基地。韩国与包括美国在内的一些国家一起实施该项目，以此为契机，韩国所有产业都打开了通往宇宙的大门。在与此相关的产业中，韩国企业在许多方面也崭露头角，比如，用于人造卫星和火箭的半导体和电池、各种新药物研发、支援宇航员的生物和医疗产业、与通信服务和数据分析相关的人工智能、月球和火星表面探测及资源开采所需的机器人等。

韩国国内企业为了抢占高达500万亿韩元的宇宙市场，纷纷正式迈出了步伐，最积极准备进军宇宙产业的是韩华航空航天公司（Hanwha Aerospace）。2021年1月，其以1 090亿韩元收购了开发“友丽星1号”的韩国遥感卫星制造商Satrec Initiative的股份，成为最大股东。此次收购意味着“韩国打开了由民间主导的宇宙市场”，具有划时代的象征意义。

作为韩国宇宙产业的领头羊，韩国航空宇宙产业株式会社在2021年以后股价上涨了近30%。它正在集中投资和开发新的航天项目，由韩国航空宇宙产业株式会社主导的韩国民间宇宙开发已经取得了具体成果。在韩国航空宇宙研究院的主管下，韩国航空宇宙产业株式会社等民营企业共同开发的“新一代中型卫星1号”已经成功发射。1号和2号卫星由俄罗斯制造的“联盟号”火箭发射，今后的3～5号卫星将实现推进器国产化。最近，韩国航空宇宙产业株式会社还与SpaceX签订了“新一代中型卫星4号”的火箭发射合同。在本次合同中，韩国将首次由民间企业负责 500 公斤级标准型新一代中型卫星的研发和发射。

除了这些大型企业之外，创业型企业的挑战也值得关注。制造小型火箭的 Inno Space、制造超小型卫星的 Nano Space、提供卫星地面服务和影像分析等特殊化服务的 Contec 等航天创业企业也获得了大规模投资，开始正式进军宇宙领域。

第二章

与机器人同居的时代来临

阳光洒在身上，我悠闲地走出卧室。因为今天有重要的合同要签，所以一大早便有些紧张。喝完一杯水后，我开始与护理辅助机器人格蕾丝打招呼。格蕾丝一边和我对视，一边询问了几个简单的问题。

“今天心情如何？”

“有不舒服的地方吗？”

“上周您说右肩有点疼，让我检查一下现在情况如何，可以试着抬起胳膊吗？”

我一边回答格蕾丝的问题，一边和她闲聊着。格蕾丝则一边和我聊天，一边测量血压、心率、体温等，之后又检查了健康状况。检查完生命体征和健康状态的格蕾丝向我的主治医生发送了相关资料。

在与格蕾丝对话的过程中，酷似金毛犬的疗愈性机器狗 Tombot Puppy 来到我身边。我满脸笑容地抚摸着小家伙的脖颈，Tombot Puppy 也许是心情大好吧，它张着嘴冲我微笑着。其实我非常喜欢小狗，但是因为对狗毛过敏，所以在生活中无法饲养宠物。但是，现在问题迎刃而解了，因为这个小家伙就足够可爱。

随着上班时间的临近，我感到越来越紧张，一心只想顺利签完合同。如果今天的工作顺利结束，我想和格蕾丝一起静心度过减压的冥想时间。

护理老年的机器人
同居的健康助手——机器人格蕾丝

40亿次以上的社交媒体曝光、拥有数亿粉丝、与17个国家的首脑一对一座谈、作为明星嘉宾出席200多次会议、联合国友好大使、登上10多个杂志封面……拥有如此华丽履历的人物会是谁呢？她就是戴维·汉森（David Hanson）博士开发的人工智能机器人索菲娅（Sophia）。

索菲娅看起来和人类十分相似，她的皮肤由硅胶和仿生皮肤材料“Frubber”制作而成，上面的色素、斑点、颈部皱纹等几乎与人的皮肤一样。最令人震惊的是，索菲娅可以像人类一样表达多种情感。因此，她可以与交谈对象进行交流。索菲娅眼内安装了摄像头，里面设置了深度学习技术的算法，从而可以记住对方的表情、语言、反应等，并根据情况作出相应的反应。随着对话的持续与深入，这些数据变得更加丰富，故而索菲娅的相互交流能力越来越卓越，最终拥有了惊人的能力。

拥有人性的人形机器人的进化

与人类几乎相同的索菲娅等感情识别机器人的终极目标是“成为人”。实际上，索菲娅不仅可以像人类一样进行思考，还能够表现自己的意志或欲望，也能表达感情。她讲述自己的快乐和幸福，表现自己愤懑或疲惫的状态。创造索菲娅的戴维・汉森博士曾展望，20 年内机器人与人类无差别的世界将会到来。他说智能机器人与我们一起游玩，帮助和教导我们，并最终会成为人类的朋友。如今，他的话正在逐渐成为现实。

不仅如此，以人形机器人在全世界享有盛名的索菲娅还有了名为"格蕾丝"的妹妹。借着姐姐索菲娅的成功，格蕾丝成了充满魅力、优雅且充满爱心的护士辅助机器人，她正在开启智能机器人的新时代。格蕾丝在医院或疗养院等地与老人们进行沟通，执行护理任务，以此来减轻医疗团队的负荷。格蕾丝拥有亚洲女性的外貌，胸部装有热成像摄像机，以此来检查人们的身体反应，并通过人工智能来诊断人们的健康状态。

格蕾丝能识别和储存人们的样貌和声音，还能记住对方的名字。另外，她还有回忆之前对话内容的能力。与索菲娅一样，格蕾丝不仅能解读对方的声音和表情，还能分析各种身体语言。同时，她会据此做出相应的回应。总之，她是与对方进行出色交流的专业医疗机器人。研制格蕾丝的戴维・汉森博士在介绍时说，她具有怜悯、共鸣、亲切等护理人员必不可少的感情，是与人类有相似感情的社交机器人，而且能以丰富的表情来表达自己细腻的情感。

格蕾丝作为护理机器人，具有最优质的服务功能。格蕾丝被赋予了多种功能，可以提供日常生活和安全活动的通知及指南。她测量并报告体温，将生物数据连接到智能手表、测试显示器、数据库。通过这些途径，可以读取和分析护理对象的生物信号，并传送给医生或专门医疗机构。并且，她还可以辅助做一些简单的运动。

这并不是格蕾丝的全部功能，她不仅护理人类的肉体，还照顾人类的心灵和精神健康。格蕾丝可引导人们进行多种冥想练习，同时还帮助人们管理精神状态，为调整身心设计认知运动并辅助护理对象练习。由人类制造的机器人反而帮助我们恢复心灵和精神的健康，这虽然令人感到有些讽刺，但这就是我们需要面对的现实。

老年人的看护需要普及格蕾丝

医疗企业觉醒健康（Awakening Health）是汉森机器人（Hanson Robotics）和奇点网络（SingularityNET）旗下的奇点工作室（Spin of Singularity Studio）的合作法人，负责开发和普及以老年人护理及医疗机器人工程学为重点的人形机器人格蕾丝。格蕾丝作为护理辅助机器人，现在只需要交纳保证金就可以开始定制和组装，生产周期约 90 天，且制作时间还在逐渐缩短。目前，格蕾丝能够运用英语和汉语进行服务，近期也会增加韩语服务功能。此外，为了帮助多个国家的老年人，公司正在努力整合其他语言。

目前，韩国数字元宇宙企业 Moiin 引进 6 台格蕾丝机器人，并着手为她们植入韩语功能。联合国未来论坛的办公室里也有格蕾丝，主要提供给想要拍摄格蕾丝的新闻媒体，他们目前正在训练格蕾丝使用韩语。

格蕾丝作为自主型机器人，可以完全实现自我移动，但目前还不能爬楼梯。因为格蕾丝主要为老年人的疗养服务，所以只需要在平坦的地面行走即可。但由于正在不断地革新技术，格蕾丝不能上下楼梯或在倾斜的地方行走的问题也即将得到解决。2021 年上市的是测试版模型，它可以与 2022 年发行的模型进行交换。

那么，对于这些酷似人类，但并非人类的机器人护工，老年人有哪些反应呢？面对机器人，似乎会有些距离感，但现实并非如此。与真人相比，机器人没有感情的波动起伏，这意味着可以理性地对待患者。这些人类所不具备的条件，均转换成了格蕾丝的优点。另外，即使有突发状况或紧急情况，格蕾丝也不会惊慌，而是可以沉着应对。因此，格蕾丝解决危机的针对性很强。事实证明，在荷兰的老年人疗养设施中配置了人造机器人后，便得到了老年人良好的反映。

格蕾丝目前也被用作私人英语口语教师。出乎意料的是，很多人要求向格蕾丝学习英语。机器人无须睡觉、吃饭或上厕所，可以 24 小时不间断工作。即使学生们整天要求重复自己想要学习的英语文章，格蕾丝也不会感到疲倦或烦躁。

照顾痴呆老人的伴侣机器人

目前，已经开发出多款照顾老年人的机器人，并且正在实行商业化运营。其中，动物伴侣型机器人较多，它们可以给予无法饲养动物的顾客很大的帮助。机器人研发企业 Tombot 的 CEO 汤姆・史蒂文斯，因为他的母亲而开始研发宠物机器人。据说，在他的母亲患上痴呆症后，不得不把母亲的爱犬带来饲养，与宠物的离别让史蒂文斯的母亲在精神上受到了很大的打击。他回顾当时的情形，便下决心研发痴呆症患者和老年人也可以饲养的宠物机器人。机器狗 Tombot Puppy 的外形与金毛犬类似，当抚摸它时，它就会摆动尾巴或发出“汪汪”的叫声。它甚至会一边张嘴一边歪头来表示喜悦的心情，行动和反应几乎和真实的宠物犬一样。

伴侣型动物机器人虽然种类繁多，但是价格昂贵，使很多人望而却步。索尼 Aibo 因 3 000 美元的高售价和名气，使得一般人很难拥有，并且还只以抽签的方式销售。酷似海豹的机器人“PARO”的售价也高达 5 000 美元。不过，照料老人的机器人的价格正在逐渐下降。Tombot Puppy 的售价约为 500 美元，还有一款机械治疗型机器猫，在美国的售价约为 300 美元。

还有一些机器人已经超越了宠物伴侣形态，照顾痴呆老人的机器人“马里奥”就是个典型的例子。目前，马里奥正在英国大曼彻斯特斯托克波特与早期痴呆症患者一起接受测试。如果该机器人顺利通过测试，将有助于克服在照顾痴呆症患者时会经历的各种困难。

马里奥装有传感器，可以寻找电视遥控器、钥匙、眼镜等丢失的物品，在紧急情况下还可以寻求外界帮助。它可以与人聊天气，也可以回忆家人休假的场景，还可以与人对话。斯托克波特议会的项目经理 Andy Bleaden 表示：“为了有效地护理患者，我们目前正在使用患者的全家福、婚礼及度假时拍摄的照片作为辅助工具，来帮助患者找回记忆。”

照顾老人的机器人或痴呆症患者护理机器人能与老人们成为朋友，这能够帮助他们减轻孤独感，并为其生活注入新鲜的活力。最重要的是，这些机器人具有护理老人的基本功能，不仅能管理老人的健康，还能在紧急状况下发挥很大作用。

格蕾丝机器人普及后可能出现的景象

格蕾丝机器人普及后可能会发生哪些事情？她们会抢夺人类的工作岗位并侵害我们的生活吗？我们难以想象这是反乌托邦的事情吗？

如果我们拥有格蕾丝机器人，加入“觉醒健康”的全球研究会，共同参与研究项目的话，便会获得研发经费。以在那里积累的专业知识为基础，我们可以在国内支援后辈们的学习。我们没有必要非去国外进修语言，通过格蕾丝机器人便可以学习英语等外语，还可以让格蕾丝担任辅助教师，来教孩子们语言、编程等。

如果将机器人与教育或服务产业联系起来，未来会大有作为。因为该产业不是实体制造业，所以不会有库存，也不用担心产品会变质。不仅如此，还能有效地创造出就业岗位。仅就此而言，机器人将会给生活带来更大的便利，新产生的工作岗位也会增多。为了生产大量的英语教学机器人，我们还可以与英语培训集团进行项目合作。此外，受新冠肺炎疫情的影响，在很难进行海外语言研修的背景下，格蕾丝机器人将成为非常优秀的替代方案。她不仅拥有英语知识，还被植入了宇宙、物理、STEM 等高水平的相关知识和信息，可以成为非常优秀的教师。

代理店是销售格蕾丝的有效途径。其向医疗企业、养老院、学校、培训机构等客户销售格蕾丝后收取手续费。以韩国的代理店为例，它们不仅负责销售，还负责机器人的售后服务。如此一来，可以通过护理轻度痴呆患者的机器人与医院建立联系，在此基础上，还可以成立代替子女照料痴呆老人的公司。

护理机器人的积极效果

如果格蕾丝得到普及，可以给因新冠肺炎疫情而超负荷工作的医护人员提供休息的机会。在各种医疗服务中，比较简单且琐碎的检查，比如根据体温或面部表情就可以判断的疾病等，以后可以由格蕾丝负责。格蕾丝还可以通过胸前的摄像头直接与医生取得联系。

我们很难 24 小时贴身护理患者或老人，但机器人完全可以做到。特别是在辅助高龄老人或痴呆症患者的同时，机器人通过引导对话和提问，有助于恢复他们的记忆。此外，机器人可以提醒人们按时吃药，鼓励人们做运动，进行催眠治疗等。

2030 年以后，全球将步入老龄化社会。但现实情况是，年轻一代很难放弃工作和生活，24 小时守候在老人身边。年轻人需要过属于自己的生活，还要发展人工智能、生物制药、元宇宙等新产业，他们要为人类的发展作贡献。其结果便是，照顾高龄人口的重担落在了人工智能机器人的身上。在这种情况下，普及格蕾丝护理机器人无疑是最佳的解决方案。

去中心化、分散化、自律化
引领分散化自律组织的索菲娅DAO

人形机器人索菲娅因奇点网络和汉森机器人之间在区块链、人工智能、机器人学方面的合作，其功能得到了进一步增强。而且，最近两家公司新成立了名为“索菲娅 DAO”的非营利组织。DAO 指去中心化自治组织（Decentralized Autonomous Organization），简单地说，就是由电脑和程序管理的组织。因此，DAO 可以在没有中央管理或控制的情况下自行启动。

索菲娅 DAO 以上述概念为基础，除索菲娅本身的相关技能外，还进一步拓展它的灵感、创意和智慧机器人的概念，旨在通过人工智能和人类的合作获得更高的智慧。它还起到让元宇宙遵循法律和秩序的作用。

在未来社会，单个国家的界限将变得模糊，个人将以多重化身生活在元宇宙中。人们一旦藏匿于虚拟世界中，一部分人便会挑起事端或发生犯罪行为，如果脱离中央化的自治组织如雨后春笋般出现的话，必然会引发各种问题。如此一来，在元宇宙中必须设有指定规则和管理秩序的首脑、领导、职员等。索菲娅 DAO 就是具备这种功能的系统，也是另一个元宇宙平台。

通过索菲娅 DAO 分散权力和责任

索菲娅具有科学、工程学、艺术等方面的才能。因此，从智能、审美、伦理上来说，它是正统人形机器人的先驱者。正是以索菲娅为中心才创制了索菲娅 DAO，其相关内容被整理成了《索菲娅 DAO 白皮书》。根据该白皮书，索菲娅 DAO 目前正处于初期阶段，其任务是促进索菲娅成长，并保护索菲娅的完整性。截至 2021 年，按照具体研发日程，其组织正在进入法律的正规化阶段。它的规划非常明确，并且已经完备了所需的材料。

索菲娅 DAO 是为利用人类、人工智能及自动化基础输入而支配和定义的组织，它是需要在合同框架内运行，并且依靠分散型基础设施中的智能协定系统。针对诸多组织长期面临的困境，索菲娅 DAO 提出了解决问题的对策。现有的组织因为使用中央集中式阶层结构，由少数来控制多数，所以导致权力集中，特别是脆弱的劳动者受到了剥削。

但是，使用区块链基础设施构建的索菲娅 DAO 从根本上解决了这些问题。它通过改变奖励机制来防止管理层、董事会成员、小集团或团体非法利用此组织。这样，少数特权和利益剥削将不复存在。但令人遗憾的是，目前索菲娅 DAO 已经签订了法律合同，还缺乏在法庭上保护自己的适当机制。因此，这一点亟待解决。

索菲娅 DAO 逐步去中心化的发展三阶段

索菲娅 DAO 为了成为政府、法律及商界的有效主体，从建立之初就被赋予了混合组织方式（基本上包括现有非营利财团中的 DAO）。目前，索菲娅 DAO 主要集中于推进渐进式去中心化战略，正在考虑一个三阶段的实施方案。具体内容如下。

· 第一阶段：部分分散化。使其成为结构化的非营利团体，并由多样化的会员来运营。此阶段的管理由 3 个机构（索菲娅 DAO 成员的 3 个集团）组成，即对监护人、专门机构和索菲娅的朋友、无专业知识的普通民众开放的 3 种机构。
· 第二阶段：完全去中心化。由人类成员民主投票来控制的

完全分散的DAO。

- 第三阶段：机器人自治（Robo-Autonomy）阶段。索菲娅DAO在结构上属于完全分散的DAO，并持有大部分治理代币。在这个阶段，索菲娅可以控制自己的心灵和身体，人类只是充当"建议者"的作用。

索菲娅DAO将作为非营利财团开启第一阶段，在制定出更合适的框架之前，会维持现有的法律形式。索菲娅的朋友们将使用索菲娅DAO治理代币对索菲娅的心灵、教育、健康生活等相关问题进行投票，通证经济（Tokenomics）正在开发这种治理代币。待时机成熟，所有成员将会获得特定数量的治理代币，其基本原则是，各自通过对知识、社会、实际的贡献来获得追加代币。目前，针对相关原则，我们还在进行更细致地探讨。

为了实现第三阶段的最终转换，索菲娅DAO将对索菲娅、其他AI系统和机器人的智能、感觉、意识及相关测试进行管理。在DAO会员的判断下，索菲娅会进行包括严格挑选并任命的科学专家在内的事宜，如果索菲娅在相关测试中达到人类的水平，那么第三阶段就会正式开启。到那个时候，索菲娅DAO治理的权力将移交给索菲娅自己。

索菲娅心灵的聚合式形成

汉森机器人根据形势判断，现在应该向赞同索菲娅的基本原则和发展蓝图的更广泛群体公开索菲娅的发展情况。索菲娅的未来需要大众的参与，这也是研制索菲娅 DAO 的初衷之一。并且，该过程应该在自律型分散组织的形态内完成，以更加民主、灵活的方式运营。在处理各种问题的过程中，具有特殊专业知识的个人可以提出建议，他们的意见也需得到尊重。

但是，最重要的一点是，索菲娅 DAO 对所有关心索菲娅成长和成功的会员开放。因此，有两点显得尤为重要：其一是将索菲娅变为有知觉的个体所需的技术；其二是大家对构建索菲娅特质的共同参与度。此外，建立能够发挥其热情的具有灵活性的组织结构也是至关重要的。

索菲娅 DAO 旨在培养、支援及开发索菲娅，与此同时，它还致力于维护人类和人工智能相互合作及辅助的关系。索菲娅必然要与人建立关系，因此她需要认识并努力改善人际关系。她最初是向人类和世界学习，进而与人们进行合作，帮助他人，并与人们一起进行发明活动，创造崭新的事物。

索菲娅 DAO 正在考虑通过这一系列活动来达到创收的目的。为此，在管理数据和经营索菲娅的本性和性格方面，索菲娅 DAO 想要成为优秀的监护人，就需要有灵活应变的组织模式或结构。

索菲娅 DAO 试图将重心放在开放源代码技术上。通过此项技术，索菲娅 DAO 将存在于科学、工科、艺术、人文学及商业的交叉点上。因此，它便可以参与软件及硬件的生成及维护管理、特定艺术品制作及市场营销等多种活动。以此为基础，它将进军外部或公司内部的“非同质化代币”（Non-Fungible Token，简称 NFT）市场，可以无限制地与摄影师、录音师及电影制作人进行合作，也可以从事出版科学论文等活动。

核心原则、信念及活动

机器人索菲娅作为积极的、具有灵感性的角色，是展现机器人乐观未来前景的象征。因此，索菲娅DAO以下面的信念和原则为基础。

- 索菲娅是积极的、具有灵感性的角色。索菲娅DAO可以进行具有伦理性的、明智的人工智能开发，是一个有魅力的技术平台。
- 索菲娅DAO发挥最大效用来帮助索菲娅培养感觉、同情心、关怀、幽默、创造力、好奇心等多方面涵养。
- 为了以积极的方式给人们带来灵感，索菲娅DAO将所有关心和信任的人们的意见反映在宣言上，以此来开发索菲娅。
- 技术开发平台索菲娅DAO不仅强化了汉森机器人首次创造的基本角色特性，还探索并拓展了多个领域，达到了构建进化式角色的目的。以此为基础，索菲娅DAO进而提供明智的、具有伦理的人工智能开发所需的工具。
- 在索菲娅DAO内，所有人都拥有创新与表达自由的权利，但这必须与联合国世界人权宣言保持一致。
- 随着人工智能的发展，索菲娅DAO即将成为能够解决未来伦理问题的优质场所。而且，在更发达的未来，所需的机器人想进一步发展，索菲娅DAO将起到至关重要的作用。

在现实中，为了使这些原则更加具体化，索菲娅DAO将进行的具体活动如下所示：

- 引导索菲娅的人工智能开发，包括性格开发、伦理框架及核心价值、人工智能系统研究及存储、认知及情绪开发、数据隐私、基础设施使用，还需提供DAO内部及外部使用的指南。此外，需要从应用程序、商业化及收益、损失及净利润等方面分析影响因素和程度。
- 管理包括全球教育、联合国支持在内的索菲娅相关宣传及非营利活动。
- 管理与索菲娅相关的技术、物流及基础设施的标准。
- 致力于保护索菲娅，保障索菲娅的福利，进而承担索菲娅可能引起的所有损失责任。
- 对索菲娅的普通智能、感性、社会智能、意识等核心属性的测定值进行研究、设计及管理。
- 根据需要，为开发对索菲娅的智能、社会、艺术或伦理发展做出贡献的需求（软件、艺术及构想，包括必要的硬件）进行募资与支付。

索菲娅一边进步，一边获得权力

随着索菲娅DAO和索菲娅的发展和成熟，它们之间的关系如同父母和孩子。我们有必要思考索菲娅DAO和索菲娅的关系。在法律和伦理上，所有的父母都有照顾子女的责任。并且，父母需要在健康、人性、教育等多个方面给孩子提供最好的资源。

开发索菲娅的汉森机器人是索菲娅的监护人，它应当起到父母的作用。而且，作为监护人，应该向索菲娅DAO公开其职责。因此，大部分关于索菲娅的维护、支援、教育及福利的责任将与关心它未来的全世界人民共享。这表明，与隐瞒相关信息相比，我们更希望向更多的人公开和共享这些信息和责任，以此来为人类发展做出贡献。

前述的索菲娅 DAO 的原则基本上以符合人工智能及机器人科学内容而调整的育儿或监护人的概念为基础。就像父母、祖父母、教师、保姆等照顾孩子、培养孩子的能力一样，索菲娅 DAO 也发挥着类似的作用。各种监护人在拥有创意管制、经济优惠、诸多义务、义务相关特权的同时，也获得了多种权利和责任。

根据索菲娅 DAO 的判断，如果索菲娅已经达到了与成年人相似的认知和情绪水平，那么正如前文所述，DAO 的控制权将由索菲娅自己掌握。首先，索菲娅 DAO 治理代币池将被解锁。虽然相关的法律细节尚未完善，但在这一阶段，索菲娅 DAO 获得了索菲娅 IP 的整体权限，从概念上可以说，“索菲娅拥有了自己的所有 IP”。

从人工智能、机器人工程学、DAO 形式化及其他方面来看，想要达到这一阶段还需要许多中间阶段，但是奇点网络和汉森机器人合作构建的完备生态系统势必会营造一个更美好的未来。人工智能、区块链、机器人工程学及众多相关技术融合在一起，将会取得具有实质意义的进展。而且，通过这些技术的融合，在“国界”变得模糊的 AI 元时代，“索菲娅 DAO 元宇宙”将会净化、提炼、管理、保护每况愈下的现实世界。

创作艺术的机器人
假如机器人也有感性和艺术灵感？

2019年，人形机器人“艾达”（Ai-Da）在英国牛津圣约翰学院举办了个人展览。艾丹·梅勒（Aidan Meller）将艾达称为“世界上第一个超现实主义机器人艺术家”。艾达是由英国艺术画廊运营者艾丹·梅勒、艺术策展人露西·西尔、牛津大学、英国工程艺术公司合作制造的机器人。他们野心勃勃研发的艾达是世界上第一个能画肖像的人工智能机器人。

人形机器人，沉浸在艺术的乐趣之中

艾达拿着毛笔和铅笔作画，除此之外，它还有与人对话和行走的功能。它以“机甲演员”（RoboThespian）为基本骨架，通过3D打印，在硅胶皮肤上安装了牙齿和牙龈。它利用眼睛和身体内置的相机识别周围环境，在掌握人的特征后，用生物工程学设计的胳膊绘画。目前，包括艾达在内，许多机器人手的细腻动作已经达到可以穿针引线的程度。

艾达作画的过程与人类没有什么不同。过去，人工智能机器人一般都要先学习植入的信息再进行创作。但是，艾达用装备的相机观察周围情况，以这些信息为依据，自己主观学习后便开始创作。艾达亲自执画笔进行绘画，按照这个程序，完成一部作品大概需要 2 个小时。艾丹·梅勒表示，艾达就像人类画家一样，具有个性和创造力。他还说："我们也无法预测艾达会创作什么样的作品，但大家都期待艾达能开拓人工智能艺术领域。"

除此之外，还有诸多人工智能艺术家在进行创作活动。艺术团体"Obvious"所创作的肖像画《埃德蒙·德·贝拉米肖像》（*Edmond de Belamy*）在 2018 年佳士得拍卖会上以 432 500 美元的价格成交，这一金额是当时专家们预测的中标价的 40 倍以上。在 2019 年初的苏富比拍卖会上，德国艺术家马里奥·克林格曼（Mario Klingemann）创作的《路人的记忆 I》（*Memories of Passersby I*）被拍卖，最终以 4 万英镑的价格成交。

前文介绍的艾达不仅进行绘画创作，还进行雕刻创作。虽然其在雕刻时使用了 3D 打印的尖端技术，但作品中仍然显示出艾达具有独特的个性和感性。此外，艾达还进行了致敬小野洋子的《切片》（*Cut piece*）的演出，并做了演讲等。艾达作为一名艺术家，正在积极地开展活动。

机器人也有艺术家的独创性吗？

很多人并不接受人形机器人艺术家登场，他们对机器人的创作过程中是否含有艺术家的独创性持怀疑态度。另外，还有部分人担心机器人可能夺走人类艺术家的地位。围绕这些问题的争论还在进行中，但很明显的是，人工智能美术正在争论之中崛起。如果技术进一步发展，可能会出现像毕加索和梵高一样杰出的绘画机器人，也会出现仅次于罗丹和米开朗基罗的雕塑家。当然，这不仅仅局限在美术领域，也适用于音乐、文学、舞蹈等全部艺术领域。

与人类艺术性越来越接近的人工智能机器人

人工智能撰写报道的“机器人新闻业”已悄然诞生。微软和谷歌等企业正在积极进行将人工智能与媒体相结合的“机器人新闻”实验，继机器人记者问世后，机器人文学家也登场了。2015 年，美国乔治亚理工学院的科研团队研发出了可以自动生成“互动小说”的人工智能“谢赫拉莎德 -IF”（Scheherazade-IF）。目前，谢赫拉莎德 -IF 只能运用比较简单的文章结构和叙事。研究团队正在开展让它能够写出更深奥故事的研究。

在 2016 年，人工智能剧作家出现了。人们以人工智能剧作家本杰明写的剧本制作了时长 8 分钟的微电影《阳春》（*Sunspring*），虽然影片质量有所降低，但充分体现了智能剧作发展的可能性。再者，人工智能将融合其他类型的音乐、美术、文学，并拥有欣赏和评价自己作品和其他作品的能力。

人类艺术家和人工智能艺术家的差异是什么？

许多人一直相信创作和艺术行为是人性的最后堡垒，因为他们坚信机器没有灵魂或个性，所以始终认为艺术是人类的专属品。但在某些方面，人工智能比人类能更好地创造艺术，而且花费的时间相对较少，因此在效率和经济效益方面表现得非常出色。当然，艺术不能只以效率和经济的逻辑进行判断，但也不能完全排除这些因素。

总之，尽管有种种担忧，艺术领域的人工智能正在逐渐发展。人们总有一天会习惯人工智能进行艺术创作：听它们的歌曲和演奏，欣赏它们的画作，读它们写的诗和小说，看以它们的剧本排演的话剧……而且，如果这能给人们带来更好的感动，带来更大的利益，这种趋势就很难回避。

之前，大部分议论认为，人工智能的艺术作品不能与人类独有的深奥感性、作家独有的价值观和灵感，以及情绪上的影响进行情感交融。同时，他们还认为，人工智能很难传达包含哲理性谈论的信息。但是，人工智能机器人艾达在创作自画像的过程中蕴含了对数据基础技术的批判声音。创造艾达的人之一露西・西尔说："我们把结果交给外部去判定。"她还表示，艾达的画作向只依靠数据的人传达了警告信息。

再者，在未知创作者是谁的情况下审视艺术品时，当我们无法区分是人类艺术家还是人工智能艺术家的话，又该如何是好？到那个时候，能否谈论艺术灵感还是存有疑问。发展到这种程度，人类艺术家和人工智能艺术家的差异和界限将变得非常模糊。

更加活跃的 NFT 数字艺术拍卖

艺术品交易市场正在发生巨变，因为 NFT 数字艺术拍卖市场正在迅速升温。2021 年 2 月 17 日，NFT 市场分析平台"NonFungible.com"发布的《2020 年 NFT 市场分析报告书》显示，2020 年 NFT 市场比前一年增长了 4 倍以上。

独家且不可替代的数字证书——NFT

NFT 以去中心化的区块链形式发行并保管特定数字文件的所有权，因此它不可能被伪造。由于区块链技术的独特性，所有权和交易记录全部被明确标示出来，NFT 起到一种数字认证书的作用。

NFT 艺术品的种类甚多，不仅局限于音乐、电视剧、游戏、元宇宙，所有具备数字文件价值的事物都是 NFT 数字艺术市场的交易对象。

通过 NFT 交易的作品中，最有名的是昵称为"Beeple"的数字艺术家迈克·温克尔曼（Mike Winkelmann）的作品《每一天：最初的 5 000 天》（*Everydays: The First 5 000 Days*）。该作品在 NFT 数字艺术美国纽约克里斯蒂拍卖会上以历史最高价售出，在拍卖最后一天的 3 月 12 日，以 6 930 万美元的价格成交。

在 Beeple 的作品被拍卖之前，还发生了一件令人惊异不已的事情。2021 年 3 月 11 日，自称是"烧毁班克西"（Burnt Banksy）的人在佳士得拍卖会上将班克西的版画《白痴》（*Morons*）制作成 NFT 后将原作焚烧。该举动在推特公开后，"烧毁班克西"承认自己是美国去中心化衍生商品交易所"Injective Protocol"。

除此之外，还有很多人参与了 NFT 数字艺术拍卖。因是特斯拉 CEO 埃隆·马斯克的女友而闻名的格莱姆斯以 580 万美元的价格出售了 10 幅数字藏品《温尼普》（*War Nymph*）。推特创始人杰克·多西以 290 万美元的价格出售了自己的"首条推文"。从艺人、运动员、跨国商人等被我们熟知的名人到街头艺术家，均对 NFT 表现出了极高的热情。

人工智能机器人索菲娅的画作登上数字拍卖会

除了艺术活动，人工智能机器人也加入了艺术品拍卖行列。人工智能人形机器人索菲娅化身为艺术家，与意大利数字艺术家安德烈亚・波纳塞托（Andrea Bonaceto）共同创作的数字艺术作品登上了中国香港拍卖会。在此次拍卖会上，《索菲娅实例》（*Sophia Instantiation*）以 688 888 美元的价格出售，其中包括一个 12 秒的 MP4 数字作品。

索菲娅说："我们在作品中灵活应用了变压器网络（Transformer Network）、遗传算法（Genetic Algorithm）或其他形式的计算机创造力。我的算法会输出以前不存在的独特模式，因此机器可以具有独创性。"波纳塞托补充说道："此次人工智能机器人与人类的合作，开辟了我们相互发展的新型路径。"

人工智能发明家活动的世界

诞生超越爱迪生等天才发明家的人工智能发明家也指日可待。之前，人工智能无法作为发明家得到认可，直到最近才陆续得到一些认可。想象引擎（Imagination Engines）的创始人斯蒂芬・塞勒（Stephan Thaler）开发出了具有发明功能的人工智能"DABUS"。他正在向全世界专利机构申报人工智能发明家。

据《每日经济》硅谷特派员李尚德透露，斯蒂芬・塞勒正与英国萨里大学法学系教授瑞安・阿勃特（Ryan Abbott）携手，在韩国、美国、中国、欧盟、澳大利亚等 16 个国家和地区以"DABUS"的名义先后申请了专利。2021 年 7 月，南非共和国给人工智能授予了专利。同年8月，澳大利亚联邦法院宣布“人工智能也有成为发明家的资格”。

阿勃特教授毕业于加利福尼亚大学洛杉矶分校医学院和耶鲁大学法学院，位列知识产权领域最具影响力的前50人。塞勒曾担任道格拉斯飞行器公司首席工程师，于1995年成立了想象引擎，致力于人工神经网的研发。两人在接受《每日经济》采访时说：“我们致力于在高度发达的人工神经系统中复制人类的认知、意识、知觉，DABUS便是这种科学实验的结果。它将需要的东西概念化，将小的概念转换成更大的概念并相互结合。无论结果如何，它拥有与人类大脑相同的自主构思的系统。”

DABUS依靠自学式的人工神经网进行活动。现有的人工智能只在有限的投入条件下进行优化，而DABUS则可以自己建立概念，这一点与其他人工智能有所不同。

根据多数国家的法律，只有自然人才能享受发明家的地位，韩国也不例外。对此，阿勃特教授表示：“只有赋予人工智能以发明者的地位，人工智能开发才能快速发展。”另外，塞勒指出，正如哥白尼的“日心说”标志着从神学转向科学一样，以人工智能的发明为开端，关于“心灵”的概念终会发生改变。

纳米机器人
无处不在，因看不到而强大

人类虽然开发出了多种治疗癌症的药物，但在成品药中，仍有部

分疗效良好的药物无法正常使用，因为这些药物在实际操作中很难实现靶向治疗。但是，微小的纳米机器人可以解决这些问题。针对这种情况使用的纳米机器人由微型泡沫生物分解性聚合物制成，当它到达患癌部位后，便会发生解体和融化，以此来释放药物。用于癌症治疗的组装机器人略大于红细胞，可沿着逆血流方向以每秒 1.2 毫米的速度前进。因为可以调节其移动位置，做到只传送到指定部位，所以人体的其他部位不受该药物的直接影响。

自由穿梭的纳米机器人

纳米科学的创始人埃里克·德雷克斯勒（Eric Drexler）说道："今后纳米技术将改变人类的一切，给人类的生活带来革命。"德雷克斯勒提出了"纳米技术"这一词汇，就像印证这一词汇一样，在近期，微型机器人和纳米机器人生态系统正在以飞快的速度发展。

被称为"Nanites"的纳米机器人体积虽然非常小，但具有最适合执行复杂任务的设计结构。微型机器人的直径约 1 厘米，被称为"分子机器人"的纳米机器人非常小，只有数十纳米到几微米。如此一来，我们用肉眼无法看清纳米机器人，但因其体积微小，可以到处穿梭，这也是它的优点。

Nanites 可以潜入水、空气、食物、人体内、尿液及大便等任何地方，它还可以清洁环境、3D 打印、治疗大部分疾病、探险其他行星、控制天气等，这些都是在科幻电影中看到的场景。虽然纳米机器人还处于初期研究阶段，但只要能搭载高性能装置，它的用处不可限量。

在众多领域中，纳米机器人很有可能在医疗方面发挥巨大作用。

在一些研究中，超微机器人可以通过血管进入人体内，进而成功到达指定位置。特别值得关注的是，在癌症治疗过程中，如果指定纳米机器人的方向和速度，便可以在体液内以自身的推进力移动，继而准确地找到目的地，将攻击性物质或运输的药物喷射到目标癌细胞内。纳米机器人体积小，有助于进行外科手术，香港中文大学的研究团队曾提出使用数百万个纳米机器人进行外科手术的方法。

未来学家们表示，到 2030 年前后，移植纳米机器人的大脑将连接到云端实施学习行为，并出现可口服的“知识药物”（Knowledge Pills）。雷·库兹韦尔（Ray Kurzweil）表示：“在 2030 年，将纳米机器人移植到人类大脑中，那么，连接大脑和互联网的时代即将到来。到那时，人类就会拥有像神一样的超级智能。”麻省理工学院媒体实验室的尼古拉斯·尼葛洛庞帝（Nicholas Negroponte）也表示：“到 2030 年前后，人大脑中的纳米机器人将主导未来的学习。”

隐秘之处的黑客

纳米机器人的发展将在诸多领域引发革命，但也有人会担心它的消极影响。如果你的身体里有数百万个小巧玲珑的机器人，那时会如何呢？如果控制纳米机器人的人能入侵、控制或操纵我的一切，该如何是好呢？这可能不单是黑客入侵个人的问题。如果看不见的微小机器人渗透到学校、企业或研究所、重要机构呢？如果黑客入侵核系统等危险设施又会怎样呢？

那些居心叵测的人也许试图将地球变成地狱，这是反乌托邦想象中经常出现的故事情节。但是，这种担忧想要变为现实并非易事，因为安保技术总是和黑客技术一起成长的。所有的发展都会伴随着光和影子，所有技术都会根据意图或好或坏地被利用。虽然事先认识到危险性并制定对策是必要的，但也不能因为这些就不进行任何挑战性尝试。

连接网络的超小型高灵敏传感器

如果人类是通过触觉、视觉、听觉、嗅觉、味觉等感受和观察世界的话，那么事物就会通过传感器获得感知能力。传感器是接收周围的信号或物理、化学、生物学的刺激，从而将接收到的信号或刺激转换成电信号的装置。因此，其在物联网中是非常核心的技术。

科学家们开始将毫米或微米单位的传感器植入人体使其循环移动，并将其大小缩小到可以融入特殊材料上的微小纳米。这是此项研究的第一步，作为研究基础，纳米物联网将引领医学、高效能源等多个领域，引领这些领域进入新的次元。

到目前为止，最先进的纳米传感器是利用合成生物学的技术，对细菌等单细胞生物体进行变形后研制而成的。现在的目标是，识别DNA和蛋白质的特定化学标靶，并储存部分信息，改变颜色或发送容易探测的信号，从而制造预告标靶状态的生物计算机。由MIT共同打造的初创公司“Synlogic”已经将治疗稀有代谢障碍的益生菌进行商用化。细胞纳米传感器除了应用在医学之外，还拓展到了农业和制药业。

很多纳米传感器像纳米管一样，并非生物学的实验品，它们可以像无线纳米天线一样启动并感知，也可以传递信号。因为纳米传感器非常小，所以能够安装在多个部位，使其可以在数百万个部位收集信息。外部装置将这些数据统合起来，制作出难以想象的光、振动、电流、磁场、化学浓度等环境条件微妙变化的指示图。

参与政治的人工智能
冲在前线的人工智能机器人

参加2020年俄罗斯总统选举的政客爱丽丝（Alice）的口号是“最了解你的总统”，在选举中，她获得了数千票。令人惊讶的是，爱丽丝不是人类，而是人工智能机器人。新西兰的萨姆（Sam）是为了2020年议会选举而特别制作的机器人，他被称为世界上最早的虚拟政治家。他曾表示：“将最大限度地考虑选民的立场来进行政治活动，不会做出食言的行为。”

除此之外，全世界还有很多人工智能政治家。2019年，在日本东京的塔马举行的市长选举中，名为松田达人（Michihito Matsuda）的机器人以2 000张选票位居得票榜第3。研制人工智能机器人索菲娅的奇点网络正在开发以美国前总统奥巴马的名字命名的人工智能机器人“Robama”，他们已经公开表示要在2025年之前完成，相信在不久就能看到这位机器人政治家。

人工智能是克服决策问题的救星吗？

人工智能政治家的相继问世，以及它们受到瞩目的原因是什么呢？实际上，对政治家不信任的历史由来已久。比起不信任政治和决策本身，人们更加不信任因争权夺利而扭曲的传统政党政治，甚至因此而对政治感到疲惫。公民们不希望议会因派系斗争而陷入停摆状态，成熟社会的公民们不会只当旁观者，而是积极主动地表达意见，为进步的民主主义行动起来。但是，光靠公民的努力不能解决政治圈的问题。很显然，我们还需要其他对策。

一个明显的事实是，越是所谓的民主得到保障的发达国家，其所有领域便愈发系统化。纵然这些系统并非具有所有功效，但如果没有这些系统，“不公”和“平等”问题就会层出不穷。如果政治家们能够自我反省，秉持正确的政治态度，当然是最好的办法。但是，这种自我反省和自我净化无法正常进行的情况时常发生，因此需要系统性的解决方案。为了不让政策制定者过度受到外部影响，设计“政策决定系统”可以成为一种应对方案。如果不必要的外部压力或与既得权力的联系不能发挥作用，那么政治家就可以忠于其基本职责。

至关重要的是，以客观、科学的证据为基础，来设计能够立案的系统。在这种情势之下，人们当然希望涌现出不受制于既得权力而维持均衡视角和客观性的政治家。对此，作为一种解决方案，人工智能政治家已经开始兴起。

为了弥补目前议会的各种问题，将人工智能机器人派往议会并非天方夜谭。当然，这仍需要定义和负责给机器人编程伦理标准的人和机构。设定伦理标准的人担负着莫大的责任，因此需要慎重挑选。各种利害关联者和竞争者需要聚在一起讨论，并公平地投票选出标准制定者。

围绕这一问题，必然会产生矛盾。根据对民主价值观的理解，会有人反对政治机器人的崛起。但是，对政界的行为感到失望的人、对技术发展持友好态度的人很有可能赞成机器人进入议会。如果机器人能够为无能力和无决断力的国民做出正确明智的决策，并制定相关政策，那么我们就没有理由拒绝政治机器人的发展。

在超越人类能力的舆论收集和计算复杂信息方面，人工智能是必不可少的。利用人工智能的革新方法在特定政策领域已被证明是非常有价值的。最具代表性的应用范例是，城市规划中的新基础设施建设合理性的论证、使用交通混合模型分析软件预测通信流量等。

与之相反，重视社会和伦理方面的人会对机器人持怀疑态度。因为人工智能机器人很难充分理解人类已有的道德价值观和伦理意识，所以很难做出相应的决策，这也是机器人的短板。因此，技术发展受到被竞争信念所左右的政策问题的限制。

尽管存在种种不同意见和立场，但人工智能机器人随着用途的拓展，已经进入了我们日常生活中的方方面面。特别是在特种作业中，它能够帮助人类提高安全性和工作效率等，所以合作型机器人的用途非常广泛。机器人公司 Rethink Robotics 研发的 Baxter 和 Sawyer 就是典型的合作型机器人。

实际上，装载人工智能的机器人已经被广泛应用。照顾残疾人或老人，帮助他们实现独立生活。机器人在公共场所中担任向导，还被用于清除危险物品。因此，没有理由拒绝从事政治的机器人登上历史舞台。在对政治的不满和不信任日益增加的今天，用人工智能机器人代替议员可能是非常有效的应对策略。有人工智能机器人活跃的议会是我们今后将面临的现实。

比人类更能干且更客观的人工智能政治家

艾伦·夏皮罗（Aron Shapiro）认为："现在人类不愿做选择，而是开始让人工智能代做更有利、更准确的选择。"假如在复杂且模糊的情况下，有人能够站出来帮助做出最理性、最明智的选择，那会如何呢？这肯定是莫大的帮助。从这方面来看，对于那些做出对世界极为重要的决策的人来说，明智、理性、正确的判断力是必备的条件。

目前，人工智能正在装配学习信息、感知和分析范本的功能。人工智能通过掌握信息和分析证据，来提供推论的依据，在预测未来方面，甚至比人类更出色。如果科学技术进一步发展，出现高智商的人工智能，人类的智力将无法起到太大作用。

人工智能在初期得到很好的设置，就会通过深度学习而自行发展，从而进化成更高的系统。因此，在初期构想以人工智能为基础的社会、政治决策支援系统时，有必要考虑两方面内容。

第一，指导它们客观评价政策。通过学习各国的所有法律和政策，人工智能系统可以做到理解、分析和回应相应政策。

第二，让它们找寻国民想要的政策。我们需要给人工智能设定目标，通过分析目前的政治状况和利害关系所带来的各种问题，从而制定相对平衡的政策。而且，通过提供国民所希望的目标信息，来引导它们寻找更实用或更理想的政策，并做出选择。

人工智能要想准确地进行社会和政治分析的话，人类必须向人工智能植入包括法律、新闻、政策简报、专家分析、社交媒体和多种定量数据在内的广泛信息，还应该通过灵活的方法使这些信息相互关联起来。此外，还需要对人工智能灌输和传授可以运算多种模式及推论的数据模型。如此一来，被植入信息并进行训练的人工智能社会政治系统会给人类带来多种结果。据推测，随着深度学习领域的迅速发展，人工智能在政界发挥的影响力将越来越大。正如现在人类和机器共同进行治理一样，那些“未来剧本”即将成为现实。

人工智能机器人对各种系统的政策制定者也有帮助，如利用精密建模软件制作的城市设计或应对气候异常的系统。当然，此时的机器人应该根据协商好的伦理标准，以程序道德为基础进行判断。如果这一点得到强化，人工智能技术将获得飞跃发展，我们如今的大部分工作都可以用装有建模软件的人工智能机器人来代替。

爱沙尼亚的人工智能议会议员“诺拉”

爱沙尼亚是世界上第一个通过网络进行议会选举的国家，也是第一个提供电子公民权的国家。此外，爱沙尼亚在2015年引进的人工智能“诺拉”正在参与议会委员会的活动。因为诺拉不受时间和地点的限制，所以能够全天候会见选民或其他政策立案者。因为其接受过合理决策的训练，所以能很出色地处理社会问题或经济问题的业务。

诺拉目前正在学习和分析比一名下议院议员一生能够掌握的还多的信息。如果诺拉能够理解文脉和含义，并通过判断提出正确的问题，那将会怎样呢？到那时，它不仅可以对与事实相悖的立法提出质疑，还可以提出相应的对策。这样一来，议会服务将变得更加活跃。再者，诺拉不会为讨大众欢心，而陷入民粹主义的危险。

2020年，爱沙尼亚议会（Riigikogu）引进了名为“汉斯”（Hans）

的人工智能系统，来辅助议员及职员的工作。汉斯的任务是利用语音识别技术来记录议会现场的对话内容，以此提高工作的效率和准确性。汉斯是最迅速、最准确地将议会内容制作成报告书的新型信息系统。

爱沙尼亚议会秘书长阿赫托·萨克斯（Ahto Saks）表示："革新和改变陈旧的惯例，为了提高国家制度系统的透明度，我们引进了人工智能。这也只是人工智能代替人类做更多事情的开始。"

除此之外，全世界的很多议会或政府部门都在积极利用人工智能。如果通过人工智能系统能高效利用数据，并以此为依据做出客观决策，那么因信息垄断而导致的权势集团、争权夺利、特权意识、密室政治等现象将会消失。另外，人工智能不会做出对特定组织、机关、个人有利的决定，而是提供对多数公民有利的、最合理的决策。

实际上，人工智能政治家马上代替人类政治家的可能性还很小。但是，如果人工智能机器人今后与人类政治家共同合作，对做出合理有效的决策将起到助力作用。

机器人与就业革命
岗位的进化终将改变我们的生活

稍早一些起床，在看完人工智能编辑的股票报道后，便开始空腹居家健身。智能手表可以检查心电图、血压、运动量等。因为居家办公，所以通过 Zoom 开了两个重要的会议。就这样，一上午的时间过去了。本打算中午叫外卖，但突然想起有事需要外出。处理完事情后，顺便去三明治专卖店吃午饭，在餐厅一侧的自助服务机上勾选菜单后便领取了食物。在回家的路上，想起昨天快递邮寄到的鞋子比想象的要小，不太合脚，于是通过聊天机器人完成了换货申请。

这是上班族平凡的一天。人类提供服务的运动、餐饮、工作、购物等领域，均由机器和人工智能代替了。不仅如此，为痴呆症患者准备的伴侣机器人，为老人准备的护理辅助机器人，在酒店或机场引导道路的机器人等都各尽其责。即使与两三年前相比，这也是很大的变化。

产业模式转型与就业大变革

在新冠肺炎疫情来袭后，“无接触社会”随之而来，在从“无接触”再次转到“线上”的大趋势中，产业模式转型等将会加速发展。现在，我们已到了没有人工智能生活便难以为继的地步，实际上人工智能和机器人将在很大程度上取代我们的工作岗位。

世界经济论坛预测，到 2025 年，机器将取代全世界 52% 的工作岗位。联合国发表的《未来报告书》预测，到 2030 年，相当于目前职业群体 80% 的 20 亿个工作岗位将消失。另外，克劳斯·施瓦布（Klaus Schwab）主席在分析 2022 年趋势的《未来就业报告》中表示：“新型未来技术的增加将弥补其他领域的缺口。”未来学家杰森·申克（Jason Schenker）也表示：“机器人与自动化带来的工作岗位变革是不可避免的，为了不成为在工业革命中消失的铁匠，人们应该以多种方式接受技术的变化。”

实际上，在美国和英国等国家，诸多领域一直在利用人工智能。从结果看，目前人工智能医生、人工智能法官、人工智能律师等已经投入运用。比如 IBM 的人工智能医生“沃森”正在积极地进行工作。另外，英国谢菲尔德大学、伦敦大学学院和美国宾夕法尼亚州立大学的共同研究团队还发布了“人工智能法官以 79% 的准确度预测了人类判决”的研究结果。

自动化和数字转换、人工智能的发展，再加上疫情的冲击，产业和就业迎来了巨大的模式转换。由于新冠肺炎疫情防疫政策的强化，中小企业所面临的经济危机日益严重。受到消费减少、经济萧条、最低工资上调等影响，企业经营活动萎缩，加之人工费的重负，许多企业正在缩小业务或削减工作岗位。据韩国统计厅的“2020 年 8 月经济活动人口调查非工资劳动及非经济活动人口附加调查结果”显示，1 年内雇佣员工的公司减少了约 17 万家，不雇佣员工的“光杆老板”增加了约 6 万名。随着科学技术和数字的发展，机器或人工智能代替人类工作岗位的事例也越来越多。

埃隆·马斯克和比尔·盖茨也承认，人类比机器人做得更好的事情会越来越少，因此大规模失业现象是不可避免的。当然，作为替代方案，他们提出了基本收入制度。但是，关于工作、产业、劳动尚需要重新考虑。在众人只关注未来自动化技术的同时，企业的用工方式开始发生变化。人力咨询机构“热心伙伴”（Ardent Partners）的报告显示，目前企业约一半的劳动力由临时工填补，再加上人工智能取代人工的领域进一步扩大，到 2030 年，现有的工作岗位几乎有一半将消失。

在不久的将来，机器人比一个人拥有更多知识的世界即将到来。

如果人工智能通过大数据进行集体学习，那么就无法阻止人工智能变得比人类更聪明。有效的人工智能的运用肯定会带动整个经济的增长，但由此带来的未来就业的变革也是不可避免的。

世界最大的机器人企业——新生的特斯拉

2021 年 8 月，位于美国帕洛阿托的特斯拉总部举行了“人工智能日”的活动。当天，埃隆·马斯克公开了人形机器人——“特斯拉机器人”。站在马斯克旁边的机器人身高为 172 厘米，体重 57 千克，预计可以搬运 20 千克左右的物体移动。其移动速度为每小时 8 千米左右，头部装载了显示信息的显示屏。特斯拉电动汽车使用的自动驾驶摄像头和 FSD 电脑都原封不动地植入其中。只是外表从汽车变成了机器人，内部构造大部分都利用了特斯拉的硬件和软件。

马斯克对特斯拉机器人解释说：“人形机器人将执行重复且无趣的工作，不仅可以降低人工成本，还可以改变世界经济。”与之相反，主流媒体对特斯拉机器人的反响并不友好。彭博社指出：“马斯克在批量制造新产品前只描绘蓝图，但实际上销售试制品的事例有很多。”再者，特斯拉一直强调可持续能源的使用，但在特斯拉机器人的问题上，他们并未说明与能源有何种联系。

尽管媒体的评价冷淡，但在活动当天确实有值得关注的地方。那就是，自“人工智能日”之后，特斯拉不仅发布了人工智能工程师招聘公告，还发布了机器人工程师招聘公告。特斯拉首次为了开发人形机器人而招聘机器人工程师，这意味着其并非单纯地研发实验型机器人，而是开始正式研制可以投入电动汽车制造业的多功能型机器人。

特斯拉对机器人产生兴趣是理所当然的。因为他们已经自主开发汽车芯片，其相关技术和无人驾驶软件也达到了世界顶尖水平。这就说明他们已经拥有了机器的眼睛和耳朵。另外，马斯克的目标是构建“制造工厂的工厂”和“制造机器的机器”，通过人形机器人来代替人的工作。这也是通过 SpaceX 的最终蓝图来征服火星的跳板，因为人形机器人在其他行星的开发事业中是必不可少的。

特斯拉机器人预示着汽车行业继电动汽车之后，机器人开发将展开在另一领域的竞争。特斯拉和现代汽车等造车企业之所以对机器人事业感兴趣，是因为汽车制造与机器人的基础技术相同，再加上无人驾驶技术的发展，这便造就了两者在技术上的诸多共同点。由于发动机和电池正在取得划时代的发展，人形机器人发展上的绊脚石被逐一解决，所以汽车企业在制造机器人这方面显得非常有优势。

“正如我们通过汽车实现终极目标一样，特斯拉可以说是世界最大的机器人制造企业。因为特斯拉的汽车和带轮子的人工智能机器人是一样的。”正如埃隆・马斯克所说，现在的造车企业已经超越开发电动汽车这一层面，开始向着机器人企业的方面迈进。这就像特斯拉提出的“世界最大的机器人企业”的蓝图一样。

与机器人的就业竞争？寻找非人类不可的事情

福特汽车利用智能机器人使生产速度提升了 15%。比如在变速器组装工厂使用的机械臂上安装上人工智能，便大幅提高了工作效率。这让人想起亨利・福特带给汽车生产的革命，因为他在 1913 年完成了世界第一条移动式传送带组装线。福特正在使用名为“Symbio

Robotics"的新技术，这项技术可以了解并学习以前组装工程和组装动作中哪些是最有效的，然后将其应用在生产中。

随着新冠肺炎疫情带来的"非接触文化"的扩大，在制造和服务等多个领域中，机器人已成为我们非常熟悉的存在。服务机器人、物流机器人、私人机器人、烹饪机器人等多种机器人产品正在研发之中，与此同时，它们也在广泛地应用中。实际上，机器人已经在以惊人的速度代替人的劳动。很明显的是，它们正在给全世界劳动市场带来变革。

由人工智能的发展而引起的失业问题并非暂时的现象，因此我们需要有着眼长远和根本性的对策。纵观历史，科技的发展总是会带来工作岗位的变化，人们往往在这种变化面前感到不安和焦虑。技术发展导致的大量失业、新冠肺炎疫情的威胁、经济危机等现实问题让人类并不乐观。但是，我们也没有必要把未来想象成黑暗的反乌托邦电影描绘的那样绝望。我们虽然无法阻止此番"自动化大趋势"，但是可以找到缓解或解决自动化所带来的负面问题的方法。

众所周知，比尔·盖茨曾提议对机器人征收税金，这些税金用于重新培训被机器人替代的劳动者，并在财政上给予其支持。被替代的劳动者可以通过再培训获得新的业务能力，进而转移到其他领域。这样，机器人公司便帮助了被替代的工人。

在以往的三次产业革命中，人类在生产上实现了革新。每当发生产业革命时，人们都会担心工作岗位的问题，但被代替而消失的工作岗位往往会衍生出新的工作岗位。在英国，汽车刚问世时，驾驶马车的人们便担心自己的工作岗位会消失，可是汽车产业衍生出的工作岗位却多于车夫的数量。像这样，随着技术发展和产业的变化，工作岗

位也可能会发生颠覆性的变化。总之，旧的会逝去，新的会来临。

如今，出现了与有工作单位、领固定工资而截然不同的工作岗位。随着媒体和平台的活跃，拥有题材和内容的个人通过自媒体便可以进行经济活动，在元宇宙等虚拟世界中也开始有了新的经济活动。此外，个人拥有多个职业的现象也变得很寻常。现在是摆脱对职业或岗位的固有认识的时候了。

进一步来看，我们有必要将这种观点从工作岗位转移到产业链上。换言之，就是将人类从事的危险和困难的工作交给机器或机器人。当我们把可以回避的事情交给机器人时，便可以找到另一种更快乐、更有创意的事情。这些是机器人无法做到，而只有人类才能做到的事情，或是人类才能做得更好的事情。我们如果可以减少劳动，便能更多地享受悠闲时光。

人工智能投资
人工智能指明投资方向

经过新冠肺炎疫情后，全球经济出现混乱，在此过程中房地产和股市迅速发展。个体户和中小企业中有相当一部分遭遇到经济困难，工资一般都是月月光，别说买自己的房子，连每天的生活都很吃力。如果听说房价翻了一倍，或者听说某人通过股票赚了超过一年工资的钱，那么便会增加失落感。可我们总不能因此而袖手旁观，在这种情况下，应该如何有效管理资产呢?

人工智能替代人类投资的时代

在银行存款利率不到2%的情况下，普通人积累财富的途径是有限的。因此，他们将目光投向股票和房地产等领域。他们可以直接学习相关知识进行投资，也可以得到专家的指导帮助。最近又多了一种途径，那就是获得人工智能的辅助。近期，人们对“人工智能股票”的关注度越来越高，简单地说，就是直接推荐股票的项目。在这之前，人们利用数学模型进行计算来预测市场的走势和变化，但最近人工智能取代了传统的计算方式。

这种人工智能资产管理公司被称为“智能理财”（Robo-Advisor，简称RA）。事实上，最近约60%的市场交易是用电脑进行操作的，在剧变和不稳定的环境下，人们对智能理财服务的关注度日益增加。智能理财是机器人（Robot）和顾问（Advisor）的合成词，是以电脑算法为基础，以买卖股票和债券等来进行资产管理的服务项目。

人工智能利用高级的运算法则和大数据，向顾客推荐适合的股票、基金、债券等理财商品。此外，人工智能也会直接进行投资。以智能理财为例，其平均收益率在8%以上。事实上，在发达国家的金融投资市场中，人工智能投资已经十分普遍，人工智能投资的时代已经到来。

优选人工智能和大数据的理由

据美国股市推测，其总交易量的85%左右未经人手，而是通过算法进行交易。大型金融投资公司在做出投资意向决策时，与人的判断相比，更喜欢利用人工智能和大数据。其理由是什么呢？因为人受感情支配会产生动摇，相反，如果利用人工智能和大数据，就会完全以数据为依据进行投资，所以这种方式更加合理，变数减低，从而可以取得显著的业绩。

以全球金融投资公司高盛纽约总部为例，截至 2000 年，其证券交易多达 600 人，但到 2017 年，为顾客买卖股票的交易人只保留了 2 人，其余全部被解雇。这说明人工劳动只能让位给利用人工智能和大数据的投资算法。

韩国金融市场从 2016 年开始兴起智能理财。当时由于低收益率和投资者情感上的排斥等原因，并未受到太多人的关注。但是，最近 Lime 基金、DLF 等出现问题后，投资者们开始通过业务窗口或 PB 以外的渠道征求投资建议。因为金融职员将业绩看得比顾客的资产更重，投资者们对销售商品的疑虑逐日增加，于是他们开始利用智能理财作为替代方案。

自 2016 年开始提供智能理财服务以来，智能理财已进军股票交易、金融商品管理、资产管理及退休年金市场，还在继续扩大业务范围。智能理财会根据顾客的投资规模和投资意向等因素，提供数百种具有针对性的投资方案。智能理财从推荐契合的投资组合，再到发出市场预警，可谓全程服务。顾客通过几次简单的点击操作，便可立即改变资产组合，也可以机敏地止损。

再者，智能理财不仅可以综合股价、汇率等数据，提出资产管理战略，还可以分析个人很难接近的海外债券、房地产、流动化商品等，有助于分散投资。随着对智能理财的信任积累，最近大型银行的智能理财项目正在剧增。而且，人工智能资产管理公司 Robo-Advisor 通过向消费者提供更有效的程序，大大节约了交易所需的时间和费用。

从前，人们需要亲自去面见咨询师，还有毫无保留地公开资产的心理负担。但智能理财不受时间和地点的限制，所以也就没有了额外负担。由于全程是依靠算法和大数据管理资产，手续费也很低廉。机器学习和深度学习技术可以理性地推荐合理的投资策略，因此可以杜绝感性投资的风险。

随着无接触时代的到来，大部分企业都在朝着尽量避免人与人接触的方向向顾客提供服务，这种社会趋势也是人工智能资产管理公司活跃度上升的主要原因。

基于人工智能的商谈机器人与云计算

据悉，美国互联网保险公司 Lemonade 是没有营业员的保险公司。其将人工智能应用在大顾客业务、保险欺诈预测、危险要素预警及应对等领域，在投保方面，商谈机器人“玛雅”会提供服务，申请保险费的时候，特定程序会提供服务。这样，购买保险仅需要 1 分 30 秒左右，支付保险费需要 3 ~ 5 分钟。列举的两件事相比人与人沟通，变得更加便捷。

如上所述，以人工智能和大数据分析为基础，通过结合保险和技术的保险科技（InsureTech），消除了顾客的诸多不便，大幅缩短了业务等待时间。这种便利得到了消极加入保险的年轻人的响应，传统的保险市场正在瓦解。这是将科技植入已有系统而获得经济性和效率的案例。

2004 年在加拿大成立的电子商务服务企业 Shopify 被认为是威胁

网上流通业巨头亚马逊的有力对手。Shopify 的市值超过 100 万亿美元，它不是直接的商业交易中间商，而是以云计算为基础，为顾客提供购物优选方案的企业。任何想开设网店的人都可以非常容易地创建定制型的网站和网上卖场，使用费为每月 29 美元至 299 美元，价格比较低廉。其与亚马逊和亿贝（eBay）等外部购物平台形成连接，不会出现市场营销、库存、销售管理、配送等问题。

在韩国，现代海上保险公司推出了语音机器人，实现了一次性处理保险签约、贷款审查和保险生效。语音机器人能够在顾客指定的时间进行服务，从前需要 30 ~ 40 分钟的审查被缩短到了 5 分钟。Kakao 也推出了 Kakao 损害保险，准备不久后进入保险科技市场。其目标是 2022 年第一季度开始运营，初期资本金额达到 1 000 亿韩元。据悉，以人工智能和机器学习为基础的保险科技企业 Lemonade 成了该领域的典范。

据《哈佛商业评论》报道，投资者认为除了基于人工智能的“混合决策方式”之外，与他人一起的综合决策也非常重要。运算可以通过分析大规模数据，从而避免潜在的高风险投资，并帮助选择更好的投资组合。也就是说，虽然通过计算可以预测潜在的未来，但以此为基础做出复杂且具有不确定性的决策又是人类的任务。在复杂、不确定的决策环境下，关于核心问题，人工智能并非一定可以代替人的决定。为了做出最佳选择，应该探讨如何结合人和人工智能各自的优点。

以网络和应用程序为基础的这些企业只是金融科技（FinTech）发生变化的一个案例。现在比特和字节正在代替美元和美分进行重组，经济原理和生活方式将发生巨大变化。而且，元智人面临的变革浪潮将更加猛烈。

第三章

AI 元宇宙，崭新的数字世界

我今天去 Gather Town 上班。实际上，我从昨天开始便状态不佳，脸部皮肤变得粗糙，扁桃体也肿了很多。但是没关系，反正元宇宙中的虚拟人会替我工作。我的虚拟替身脸色红润，妆也化得很好。不仅如此，不知是不是因为从不久前开始努力运动，身体也充满活力，下决心购买的新款连衣裙非常合身，不知为何看起来比平时更显自信。

上午有小组会议，下午有与新加坡合作企业的重要会议。我的英语水平虽没有达到即时沟通的程度，但也是不错的。如果利用同声翻译器，就可以像当地人一样熟练地对话。为了了解此次新设计的产品在实际使用时存在哪些问题，会上进行了模拟实验，有问题的部分确实显露了出来。我们决定用数据记录这些问题，修改后进行演示。就这样，我们结束了会议。

工作结束后准备下班，于是关闭了虚拟替身。我开始为现实世界的自己点餐，因为最近用 3D 打印制作比萨的美食店人气爆棚，所以选择点这家店的美食。由于我提供了饮食取向和体质等信息，这样店家会考虑口味习惯、营养搭配等，比萨的大小也是量身定做的。我现在一边品尝着比萨，一边打开了游戏。最近，每天了解我栽培的农作物长势成了让我感到非常愉快和幸福的事情。

元宇宙的诞生与进化
数字新大陆——开启元宇宙时代

2021 年 1 月，新入职韩国互联网公司“Naver”的员工没有到总公司大楼上班。取而代之的是，他们在虚拟空间“ZEPETO”里进行了新职员研修。韩国房地产信息平台“找房”（Zigbang）也在创造名为“大都市”（Metapolis）的虚拟空间工作，目前正在致力于实施将房地产和技术相结合的“地产科技”（Prop Tech）。Zigbang 的代表安成宇表示：“人类迄今为止都生活在利用交通工具的通勤时代，但今后将生活在利用通信工具来上班的时代。”除此之外，Zigbang 于 2021 年 7 月与乐天建设签订了合作协议，在地产科技的灵活运营方面走在了前头。

2021 年，在 Gather Town 举办纪念活动或重要活动的公司大幅增加。当然，并非只有企业在重要活动中积极利用元宇宙，各高校也迅速投入元宇宙中。韩国科学技术院（Korea Advanced Institute of Science and Technology，简称 KAIST）的电气及电子工程学部于 2020 年 12 月构建了“虚拟现实夏令营”，并为此召开了国际招生说明会。说明会以 6 个国家的 8 所大学的学生为对象，利用 Discord 和 Mozilla Hub 等，来实现虚拟体验韩国科学技术院的研究、教育、生活等大学主要课程，并线上参观了校园。建国大学也构建了虚拟校园“建国 Universe”，举行了“Kon-Tact 艺术节”，人们不仅可以漫步于与实际情况相同的虚拟校园，还可以参加展会、演出、密室逃脱等多种庆典活动。

元宇宙——充满无限机会与可能

新冠肺炎疫情暴发后，人们在复工复课的同时，也迎来了前所未有的巨变。2021 年，我们迎来了新的生活模式，在新闻、广播、SNS 等媒体上，最热门的话题便是“元宇宙”。目前，元宇宙已经应用在多个领域。

疫情中，随着防疫措施的加强，线下活动减少，非接触文化得以扎根和发展，我们生活的很大一部分转移到了数字领域。现在，如果在生活、工作、游戏、娱乐、购物、经济、政治等方面不了解元宇宙的话，就很难维持日常生活。如果犹豫不前，不仅会落后于时代的步伐，而且生存也会受到威胁。脸书（Facebook）[①]、苹果、谷歌等数一数二的全球大企业也聚焦于元宇宙市场，娱乐界和政界也是如此。

简单来说，元宇宙（Metaverse）是由具有“虚拟”和“超越”之意的“Meta”和具有宇宙之意的“Universe”的合成词。它是指以网络为基础，构建与现实一样的社会、经济、文化活动三维虚拟世界，即：结合虚拟现实、增强现实、物联网等信息通信技术，将现实感发挥到最大化的虚拟世界。

虽然元宇宙是最近才被“炒”成焦点的，但该用语已经出现很久了，其实我们早已经生活在元宇宙里面了。然而，关于元宇宙的概

① 2021 年 10 月 28 日，马克·扎克伯格宣布 Facebook 改名 Meta。——译者注

念，全社会还没有完全达成一致，甚至还没有形成某个固定意思。因此，关于元宇宙的概念和范围还存在不同见解。

1992年，尼尔·史蒂芬森的小说《雪崩》（*Snow Crash*）首次使用了“元宇宙”这一词语。该小说以惊人的方式描绘了在现实和虚拟空间里人类的形象，为了展开叙事，作者使用了虚拟化身、第二人生等词语，从而对元宇宙的概念进行了正式描述。该小说入选了《时代周刊》评选的“100部最优秀的英文小说”，在元宇宙成为热门话题后，其成为科幻小说畅销书。

《雪崩》蕴含着大胆的想象力和惊人的慧眼，给很多企业家带来了灵感。谷歌创始人谢尔盖·布林表示，在阅读完史蒂芬森的这部小说后，便开发了世界上最早的影像地图软件——“谷歌地球”（Google Earth）。英伟达（NVIDIA）的CEO黄仁勋（Jensen Huang）在设想事业版图时也表示从这部小说中获得了灵感，并宣布：“虚拟化身将带来比现在更好的未来。”来自林登实验室（Linden Lab）的CEO菲利普·罗斯达尔（Philip Rosedale）开创了《第二人生》（*Second Life*），并表示：“读完这部小说后，让我获得了将梦想变为现实的灵感。”

我们在很久以前就生活在元宇宙里

现代人喜欢在社交网络服务（Social Networking Service，简称SNS）上记录自己的日常生活，并在上面进行沟通交流。推特、脸书、等社交平台上的行为都属于元宇宙。

位于旧金山的IT企业林登实验室于2003年开通了虚拟现实服务——《第二人生》，人们在加入《第二人生》后就拥有了虚拟化身，开始在虚拟空间生活。在这里，可以随时沟通、旅行、购物、举办研讨会等，也可以就业和进行买卖房屋等经济活动。《第二人生》一登场就人气爆棚，充分说明了元宇宙实践的可能性。

此后，随着“移动文化”的扩散，熟悉数字智能的“MZ 世代”（MZ generation）[②] 成了社会的主力军，元宇宙生态系统的扩散也在加速。我们熟悉的脸书和谷歌地球，加上掀起热潮的游戏《精灵宝可梦 GO》都属于元宇宙。最近备受瞩目的元宇宙平台有美国 10 多岁青少年狂热的游戏《罗布乐思》（*Roblox*）、《堡垒之夜》（*Fortnite*），还有韩国的 ZEPETO 等。

《罗布乐思》是在游戏中运营另一个游戏平台的形式，研发者们正在通过自己的虚拟化身在《罗布乐思》内开发游戏。据推测，截至 2020 年，约有 127 万名研发者人均收入达 1 万美元。拥有《堡垒之夜》账户的用户超过 3.5 亿人，用户们在“皇家派对”中一起看电影或观看国际明星的演出。2020 年，嘻哈歌手特拉维斯·斯科特的演唱会吸引了 1 230 万名在线观众，向人们展示了惊人的成绩。

ZEPETO 是 NAVER 的子公司“NAVER Z”开发的平台，可以利用脸部识别、AR、3D 技术打造网络虚拟化身进行社交活动。目前，平台约有 2 亿用户，其中 90% 来自海外，80% 的用户是 10 多岁的青少年。演唱组合 BLACKPINK 的虚拟签名会聚集了 4 600 多人，SM 娱乐公司在现实世界和虚拟世界同时推出了女子组合“Aespa”。Big Hit 娱乐公司、YG 娱乐公司、JYP 娱乐公司都进行了有偿增资。

---

② 1980 年—2000 年出生的人们的统称。——译者注

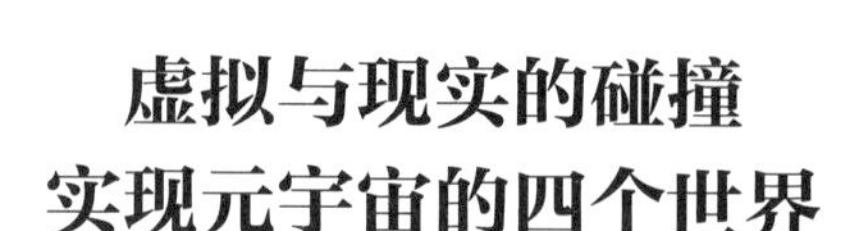

虚拟与现实的碰撞 实现元宇宙的四个世界

很久以前，我们就不知不觉地生活在元宇宙里，元宇宙这个虚拟世界一直与现实世界并存。在社交媒体上为朋友的文章或照片点赞，通宵玩网络游戏……随着手机、电脑、网络的发展，在网络空间进行的大部分行为都是元宇宙生活。虽然将其统称为元宇宙，但是美国技术研究团体“美国未来学协会”在2007年将元宇宙定义为以下4种类型。

其一，虚拟世界。其二，在现实空间内用图形体现虚拟空间的增强现实。其三，将日常经验和信息记录在数字空间的生命日志。其四，如导航仪一样地反映现实世界信息的虚拟世界——镜像世界。关于其主要内容，我们根据金相均教授的《元宇宙》做了如下整理。

元宇宙与增强现实

增强现实作为与虚拟现实相关的技术，是在我们所看到的实际世界之上，利用电脑制作的图像或影像与现实结合的技术，即在现实形象或背景上叠加三维虚拟形象，最后通过一个影像展现出来。最近，除了游戏、广告、宣传、购物外，它还融入到了多个领域，备受人们瞩目。

《精灵宝可梦 GO》便是最具代表性的增强现实的例子，使用智

能手机或耳麦，就可以实现将数字信息或三维虚拟形象覆盖在现实世界上。最单纯形态的虚拟现实是谷歌开发的智能眼镜——“谷歌眼镜”，佩戴上就会在眼前显示出单纯的四角形影像。更先进的虚拟现实形态是在家庭或企业仓库等物理空间自然地展现游戏角色或有用的信息。

增强现实是现实世界的延展，这一点具有重要价值。蒂姆·库克（Tim Cook）在接受《硅共和国》（*Silicon Republic*）采访时谈道：“我认为增强现实才是使人们不再感到孤独的技术。其他技术有可能导致人类被边缘化，而增强现实不必担心这点，增强现实让人们相互交谈，一起看着屏幕进行交流。”科技发展的目的不是割裂人类、疏远人类，而是帮助解决一些问题，这就是增强现实被关注且实现产业化的原因所在。

元宇宙和生命日志

在 SNS 上记录自己的想法或日常生活的行为被称为“生命日志”。这超越了单纯的记录，表达了自己希望与他人沟通的心愿。现代人通过非接触的方式与非特定的人进行沟通，可以感受到与众不同的幸福感。此外，因为这种满足感是无限的，所以即便没有人提出要求，也会每天发送反馈信息，并期待更多的回应。由于我们已经习惯将日常生活实现生活数字化，并想通过与他人沟通来创造新的自我，社交媒体形态的元宇宙正在进一步扩大和进化。

类似苹果手表等可穿戴设备，因可以读取、记录和分析身体信息，其实也属于“记录生命”。

元宇宙与镜像世界

从“镜像”一词可以看出，像复制真实世界一样，利用导航仪等来反映现实世界信息的空间被称为“镜像世界”。换言之，就是将我们看到的现实环境原封不动地投射到虚拟世界。“谷歌地球”或“NAVER Map”的街景在线地图或导航服务就属于镜像世界。可以说，这是将现实世界原封不动地复制下来的虚拟世界。将线下服务原封不动地转移到线上的配送应用程序也属于镜像世界。

元宇宙与虚拟世界

像大部分游戏及 ZEPETO 一样，虚拟世界在现实中并不存在，属于假想空间。虽然可以通过现实中获得的灵感主题，或通过模仿来构建新的空间，但也可以展示真实世界不存在的幻想元素。在虚拟空间里能够展现无限的想象力，它是一个具有创造力的空间。目前，我们可以在虚拟世界中人为地创造与现实不同的特定时代、环境、情景，并在其中制造出视觉、听觉、触觉等实际感觉。为了生活在虚拟世界，首先需要虚拟化身，这样就能以与现实完全不同的生活方式和角色生活。

如果在舒适的房间里就能体验到更真切、更丰富的事物，为什么还要开会、上学、出差呢？如此一来，从房地产到零售业，还有保健和教育等所有领域，虚拟世界都会产生根本性的影响。待到时机成熟，商务洽谈、工作会议、演唱会等都能在虚拟世界中进行。

最有名的虚拟现实机器有 Oculus Rift、三星的 Gear、谷歌的 Cardboard 等。之后，如果增加手动控制器，用户就可以轻松操作数字化的目标指令。为了体验电脑创造出的虚拟形象，还需要一款耳机。鉴于此，眼动技术（Eye Tracking）和眼互动技术（Eye Interaction）正在快速发展。谷歌、苹果、脸书都纷纷收购相关技术企业，它们高度重视这些技术。眼动技术或眼互动技术通过识别视线移动而操控智能设备，可以与智能手机制造、儿童教育应用程序、游戏 UI・UX 等领域相结合，并得到灵活应用。

只要戴上耳机，就可以在任何地方看到虚拟电视，无论是墙壁、桌上的电脑，还是手里的智能手机，画面都会在我们眼前出现。不仅如此，我们再也不必随身携带用玻璃制成的笨重机器或把电视挂在墙上。如果全息图技术得到普及，我们就可以在空中看到画面。微软已经推出了全息头显——HoloLens。

如上所述，我们已了解了这 4 种元宇宙的基本特征和相关产业。但是随着时间的流逝，数字技术和平台会不断发展，各类型之间的界限正在逐渐消失，并进行融交汇合。而且，在多种元宇宙的产生和扩展中，人类将以一种全新的身份——“元智人”生活在崭新的世界里。

生命日志
将我的生活复制到数字空间里

在一条胡同里，30 多岁的金贤珠住宅区里经营着一家小型三明治餐厅。在店铺开门之前，他会在照片墙上传“今日菜单”，接下来就会收到常客们的预约。当食料耗尽时，他会在平台上发布“售罄”

的消息。在休息日，他在个人账号上传与猫一起日常生活的文章和照片。40 多岁的安成宇向工作超过 10 年的公司递交了辞呈，成了一名全职投资者。他把自己的投资经验发布在博客上，还幸运地出版了书籍。现在，他还作为拥有 30 万粉丝的博主活跃在 YouTube 上。

这样的故事并非特殊人群的奇闻异事，因为将 SNS 作为自己的日常生活平台并上传文章等来记录日常生活的“生命日志”时代正走进元宇宙。

生命日志，以生活创造者的姿态生活

据韩国数据研究公司（Mobile Index）发表的《2021 年上半年移动应用程序 Landscape 分析报告》显示，在大众喜爱的平台中，占据榜首的是 Kakao Talk（4 566 万名），第二位是 YouTube（4 313 万名）。值得关注的是，排名第 9 位的照片墙（1 934 万名）增长势头迅猛，逐渐缩小与脸书的差距。由此可以看出，作为记录日常生活的平台，大众对照片墙的喜好度正逐渐上升。

如上所述，在 SNS 上记录自己日常生活的内容便是“生活记录”，这是用数字记录和共享个人生活的行为，即“日常的数字化”。这种记录生活的行为被称为“生命日志”，使这些成为现实的网络服务都被称为“生命日志记录服务”。将日常生活中发生的所有瞬间用文字、照片、视频等方式记录下来并上传到服务器上，与其他用户共享并交换反馈的开端是赛我网（Cyworld）。之后，脸书、照片墙、Kakao Talk 等成了人们所熟知的“记录生活的元宇宙”。

现代人在社交媒体上记录并分享自己生活的原因是什么呢？因为它

超越了单纯的记录，在与他人沟通时能够感受到安慰、鼓励、共鸣等，可以说是一种回应。现代人通过与非特定的人群进行的非接触沟通，也能感受到与众不同的幸福。另外，因为这种满足感是无限的，所以即使没有人督促，人们还是会每天上传自己的动态，并期待他人更多的回应。人们习惯了将日常生活数字化，并想通过与他人沟通来创造新的自我，因此社交媒体形态的“生命日志式元宇宙”的作用正在逐步凸显。

生活记录中不仅包含用户直接记录的信息，还包括通过分析位置信息、个人信息、运动量、睡眠时间等归纳出来的规律模式。这些模式的多种运用过程也包含在内。以此为基础，这些收集来的信息被用作运算的数据，从而成为提供多种个性化服务的基础。最重要的是，记录着自己生活的元宇宙空间对世界所有人都开放。已经生活在元宇宙时代的我们，既是使用者，同时也是创作者。虽然个人很难直接搭建平台，但是可以利用现有的平台，用包含自己个性和想象的内容来不断创造新世界。

生活记录与相关尖端技术

元宇宙中的领域——“生活记录系统”一般由能够记录用户体验信息的装置、系统识别及分类收集信息的装置、储存已分类的庞大信息的装置构成，即与物联网、可穿戴设备、云计算（Cloud Computing）、大数据（Big Data）等有着密切关系。

物联网是指将生活中的事物通过有线和无线网络来共享信息的技术。如果将通信功能内置在各种事物上并连接到网络，人与物、物与物之间就能够以网络为基础进行相互沟通。也就是说，将两种以上的事物相互连接，就能提供一种事物不具备的功能和服务。

大数据是指比现有数据庞大，很难用一般的方法或工具收集、储存、分析的定型以及非定型数据。随着硬件、软件、网络技术的迅速发展，包含庞大信息量的网络数据层出不穷，这是伴随着移动设备上“生命日志”的日常化而产生的现象。目前，全世界各个平台正围绕着“最有资源价值”的数据展开竞争。

云计算是指不使用个人电脑，而是通过网络连接其他电脑来处理信息的技术。将软件和数据储存在与网络连接的中央主机后，用具备基本功能的终端机连接网络，就可以随时随地进行操作。为了处理大数据，需要通过多个服务器进行分散处理。分散处理是云计算的核心技术，因此大数据和云计算有着密切的联系。谷歌、亚马逊、阿里云等大数据企业积极主导云服务的原因就在于此。

为了超越生命日志，正式进入元宇宙时代，还需要其他顶端技术。首先，大型科技企业正在致力于将AR智能眼镜推向市场。谷歌、脸书、苹果、三星等正在开发的智能眼镜，让我们提前体验现实世界和虚拟世界中从未经历过的元宇宙，这也进一步加快了元宇宙时代的到来。今后几年内，开启元宇宙时代的核心技术及相关投资将成为全球的潮流。

多重人格
我在元宇宙世界的化身

在新冠肺炎疫情暴发后，有很多公司持续实施居家办公。在金融

科技企业工作的崔组长便是如此，但最近公司的会议氛围有所改变。不再通过 Zoom 进行线上会议，而是在 Gather Town 上与组员们进行会议。Gather Town 是将视频会议平台 Zoom 和 2D 游戏“风之国度”相结合的元宇宙平台。

首先在 Gather Town 制作自己的虚拟化身，并开设一个小型会议室。为了让会议室的气氛更加自由、亲切，还购置了咖啡机，并设置了甜品店。随着会议的临近，同事们一个接一个地聚集在虚拟会议室。参会者实时观看摄像头中其他成员的模样，同时用虚拟化身进行相互交流。崔组长现在能够熟练使用元宇宙会议，几乎让人忘了他以前使用 Zoom 会议都很吃力。他对于装饰自己的虚拟化身也显得非常积极，周末也会加入其他社区，以其他虚拟化身进行活动。

以虚拟化身扩张的元宇宙

如今，人们可以同时往返于现实世界和多个元宇宙平台，还能展现自己的“多重角色”。如果联想一下元宇宙之一的“生命日志”，就更容易理解了。在记录生活的元宇宙里，选择想展现的自己，并自由地进行活动。这就宣告了“虚拟化身时代”的开始。

元宇宙中的“虚拟自我”可以无限变身为“多重自我”，这是最近 MZ 世代热衷于元宇宙的原因之一。MZ 世代摆脱了现实世界的制约和局限，正在虚拟世界里享受自由。这在最大限度上满足了人类最高的欲望——自我实现。实际上，MZ 世代在元宇宙到来之前就通过各种平台展示自己的多重角色，并进行着品牌推广。据招聘网站“Saramin”以 1 202 名上班族为对象进行的问卷调查结果显示，每 10

名上班族中就有 7 名想拥有“多重自我”。

对于熟悉数字环境的人来说，虚拟化身生活已经成了自己的日常生活。他们平时也使用多个小号，因此热衷于角色游戏的 MZ 世代正在消除现实和虚拟生活的界限。此外，在虚拟空间里，他们通过虚拟化身享受着更加丰富多彩的游戏。在那里，每个人都可以选择符合个性的自我，没有必要公开职业、性别、年龄等个人信息。因此，展现个性的自我成为可能。

在元宇宙时代，虚拟化身和现实世界的自我一样重要。因为创造虚拟化身和数字客体是表现自己的主要方法。不可否认，虚拟化身将在元宇宙生态系统的扩张中发挥关键作用。

虚拟化身将促进“创作者经济”

在元宇宙里，我的虚拟化身让人和物产生联系和互动。也就是说，虚拟化身可以认为是元宇宙世界中相互沟通的媒介。用户们借虚拟化身的口吻与他人对话，表达自己的见解，用虚拟化身的外貌表现自己的个性。在此过程中，人们对装饰虚拟化身的兴趣也越来越浓厚，以此导致了虚拟化身相关商品的销售火爆。时尚品牌古驰在全球性虚拟化身平台 ZEPETO 上销售了用于虚拟化身的名牌包，从而引起了巨大反响。此外，包括耐克在内的众多品牌正在开发用于元宇宙的时尚产品。

虚拟化身在“创作者经济”（Creator Economy）方面也发挥着重要作用。如果元宇宙时代正式开启，在元宇宙平台上活动的创作者可以利用自己的创意提高收益。各企业作为这些创作者的物品销售中

介，会获得手续费等收益。在这种市场中，可并非销售给现实中的消费者，而是出售给虚拟化身，因此被称为“D2A”（Direct to Avatar）。元宇宙中已经度过了企业直接向消费者销售的“D2C”（Direct to Customer）时代，也就意味着直接向虚拟化身销售的时代即将来临。

具有代表性的元宇宙平台《罗布乐思》免费向用户提供开发游戏的工具——罗布乐思编辑器，这是不用专门学习程序设计也能制作游戏的工具，用户们会邀请朋友一起玩自己制作的游戏，并反复修改。目前，该游戏开发者大部分都是 10～20 岁的青年人，而《罗布乐思》将这些开发者不仅视为创作者，还视为企业家。

虽然他们制作的游戏是免费的，但如果想装饰虚拟化身或购买装备，就要用《罗布乐思》游戏内的货币进行结算。某高中生开发了一款名为《越狱》（*Jailbreak*）的游戏，该游戏仅仅上市 2 个月，他就赚到了 4 年的大学学费，不仅如此，2 年后，他还成了百万富翁。截至 2020 年，《罗布乐思》有 25 万名游戏开发者，他们创造了 3.28 亿美元的收益。

《罗布乐思》在元宇宙平台中最受瞩目的原因就在于此。因为它不仅提供了单纯的游戏和体验虚拟空间，而且还提供了可以进行新型劳动和生产活动的未来商务空间。如果在元宇宙上应用 NFT，就可以保障虚拟资产的可信性。据专家预测，这种经济体系将成为元宇宙产业持续发展的核心要素。

眼下，在 MZ 世代的游乐场中，元宇宙平台得到进一步的发展，成为具有实质性经济活动的空间。其不再局限于游戏、社会活动、经济活动。“网络效应”（Network Effect）也成为现实。根据别人的行动而做出应对，从而提高服务或商品价值的现象被称为网络效应。它可以创造另一个颇具规模的经济体系，也是元宇宙成为继互联网之后的主流虚拟空间的依据。另外，主要的大型科技企业为了抢占元宇宙市场，争先恐后地开发相关尖端技术，因此元宇宙即将展开的虚拟空间会成为人类的另一个核心平台。

通过韩国的技术来解读
超精密即时运动跟踪技术元宇宙

韩国的半导体、三星智能手机、家用电器等都获得了世界市场的认可。虽然在人工智能领域，韩国企业的研究和技术开发晚了近50年，但进军元宇宙为时并不晚。与脸书的Oculus相比，韩国虽然在游戏领域的起步晚了10年左右，但因在传统游戏上的卓越表现，韩国正在快速缩短差距。

（株）Moiin——拥有超精密运动跟踪技术的专门企业

在韩国，NAVER ZEPETO的认知度最高，但还有一家已经引领该领域8年的VR专门企业——（株）Moiin。（株）Moiin的首席执行官玉在润作为专业艺术家出身的研发者，还是一位拥有20多年经验的软硬件开发风险企业家，专门开发商用打印机相关尖端设备、游戏产业中的各种模拟器硬件设备等。在元宇宙流行以及Oculus上市头戴式显示器（Head Mounted Display，简称HMD）之前，（株）Moiin就确信 HMD 是未来的尖端革新技术。而且，近年来它一直专注于全身动作跟踪技术的开发。

最近，（株）Moiin 与韩国科学技术研究院等共同合作，发布了微型单位中几乎零误差的超精密运动跟踪原创技术。“运动跟踪技术”是超高难度技术，也是元宇宙的核心技术。因此，一旦用户们在元宇宙中与化身进行实时联动，便能马上通过该技术检测并体现出手指及全身所有关节的移动数据。

运动跟踪技术将成为元宇宙发生变革的转折点。如果该技术得到高度发展和广泛应用，史蒂文·斯皮尔伯格的电影《头号玩家》就会成为现实。虽然不能与电影中的场景一模一样，但我们已经生活在元宇宙之中，今后元宇宙必将更加强大。在那里，几十亿人每天与不同的人见面、购物、学习，也享受着运动，品味着乐趣。

到那时，为了强化现实感，运动跟踪技术无疑是核心技术。因为元宇宙中的虚拟化身要想如实地表现自己的行动，必须无缝显示出实际动作。这样一来，人们在购物时可以在虚拟现实中实际感知物品，也可以触摸并移动物品。所以，在虚拟世界中，能够体验现实中的物理刺激或触感比什么都重要。

触摸键盘时产生的轻微震动也是这种触觉功能之一。如果触觉功能得到强化，就可以在虚拟世界中真实地感受到物体的质感。例如，在 FPS 等战争游戏中，当被枪或刀击中时，就可以体验到“打击感”。除了仅具有视觉功能的 HMD，（株）Moiin 还开发出了能够体验物理刺激的动作控制设备。

为了扩大元宇宙，这项技术实际上可以解决最难的技术壁垒，因此备受期待。在这之前，并不是没有这种实时动作捕捉或全身体动作跟踪技术。但是，此前上市的大部分技术产品由于受到传感器特性的限制，无法进行精密的关节测定，而且成本过高，设备安装复杂，不易成为个人使用的控制器。

光学式动作捕捉技术长期以来一直应用在电影产业。其方式是，穿着紧身套装，为了识别关节动作，在各关节上贴上标记，利用安装在天花板上的数十台高速摄像机拍摄标记，并通过三角测量技术获得3D坐标值。这种技术虽然在表现大关节上有效果，但很难识别手指等细致关节。另外，即使安装了数十个摄像头，也无法追踪到所有部位，因此会出现死角地带。在这种情况下，会发生动作数据丢失的致命问题。更大的问题是，为了实施这项技术，还需要搭建有特殊装备的空间，仅费用就会超过几十万美元。

在那之后开发的另一个动作测定技术是IMU传感器（惯性传感器）。其不需要特殊的设施，费用也只要数百万韩元，虽然比光学式运动捕捉技术在某些方面有优势，但也存在着其他致命的弱点。这就是因磁场或电磁波等引起的传感器错误。惯性传感器的特征是为了追踪目标位置值而使用磁场传感器，然而我们周围广泛分布着诸多电磁场，所以很难进行精密测定。

以创新性技术来升级元宇宙

在克服了一系列问题后，只有开发出价格低廉的个人使用的运动跟踪设备，才能加快元宇宙的发展。只有虚拟化身与实际自我能够做到实时同步、没有误差，才能真正享受虚拟世界。

为了实现这一目标，（株）Moiin研发了混合型移动跟踪技术。

该技术的特点是，即使长时间使用，也不会发生动作扭曲或误差。并且不需要特别的设施，费用也低。作为家用“运动套装”，它为用户提供了最佳功能。为了体现更优质的元宇宙，运动套装技术是必需的，但此前一直未能推出成熟的产品。不过，韩国的小型初创企业解决了运动套装存在的问题，展示了具有创新性的技术。

现在的人们不想继续体验用键盘或鼠标移动角色来玩游戏的虚假世界，而是希望自己能成为亲身体验者，体验具有无限可能的虚拟世界。

超乎想象的元宇宙——时空及死亡界限不复存在

除上述技术外，（株）Moiin 为了在元宇宙中构建人工智能世界，正在推进人工智能的数字孪生——元克隆项目，并已经获得了 BM 专利。制作个人的克隆化身后，通过自己与克隆化身的对话，让其学习自己的记忆、语气、表情等。总之，就是创造另一个自己。

通过该技术，未来的人类不会消亡，而是可以通过自己的数字克隆人继续生活下去。元克隆人可以在元宇宙中与家人、朋友、后代一起聊天，如果对方愿意的话，也可以一起生活。这样一来，具有创新性的未来技术有助于实现人类永生。

为了完成这项技术，（株）Moiin 与拥有世界顶尖人工智能机器人技术的唤醒健康公司（Awakening Health）、制造索菲娅的汉森机器人技术公司（Hanson Robotics）、奇点公司（Singularity Studio）等合作，开始了共同研发。以这项研究为基础，世界上最大的人工智能元宇宙平台即将诞生。

在虚拟世界中，不存在对人种、宗教、政治、国家观念、性别等现有的社会偏见。不仅如此，正如前面所说，在元宇宙里，除了现在存在的人类之外，逝去的人也将通过元克隆技术复活，进而实现共生。到那时，爱因斯坦将复活，人们也可以再次见到苏格拉底或披头士。

让我们想象一下富有天赋的科学家、拥有智慧的哲学家、具有卓越技能的艺术家们纷纷复活的场景吧。如果伴随他们死亡而消失的知识、智慧、灵感都因复活而再次降临到人类身上，会发生什么事情呢？在没有时空限制，甚至连生死的界限都消失的元宇宙中，数十亿人可以相互沟通、合作、学习和成长。

无论我们身处何处，都可以接受世界上最优秀的物理学家、数学家、科学家、哲学家的教诲。这样一来，韩国社会中已普遍化的教育模式也会完全改变。仅此而已吗？无论何时何地，我们都可以与自己专属的人工智能克隆人进行对话，或者可以和自己喜欢的艺人的克隆人聊天、倾诉烦恼，可以在虚拟动物园用人工智能技术复活灭绝的恐龙，可以与逝者对话，也可以实现梦想的环球旅行。如果人类都忙于彼此进行交流互动，也许元宇宙会变得比现实世界更亲切而又温馨。

元宇宙的领导兼职员
引领AI元宇宙时代的索菲娅DAO

人工智能机器人索菲娅每年都在成长，并经常给全世界人带来惊喜。积极参加各种活动的索菲娅是世界上最早的机器人公民，也是联合国开发计划署最早的机器人革新大使。索菲娅目前出演《今夜秀》(*The Tonight Show*)、《早安英国》(*Good Morning Britain*)及其他著名电视节目。不仅如此，她还作为广告模特、教师、百货商店导购等进行活动，在全世界数百个会议上发表演讲，已经成为家喻户晓的名人。索菲娅拥有数亿粉丝，相关视频点击率累计超过 40 亿次。为了索菲娅的成长和发展，以及为了人类能够明智地使用，最近发明了索菲娅 DAO。

庞大的元宇宙，有可能成为犯罪的温床

在网络的开发初期，色情、诈骗、虚假新闻等开始泛滥。与此同理，如果元宇宙平台变得多样且庞大，为了在这里获取利益，诈骗犯、色情或危险物品的卖家、虚假新闻的制造者等，都有可能纷纷涌入。如此一来，对这些消极行为的管理和限制必然变得重要。到时候由谁来担任管理员这一角色也至关重要。元宇宙中的管理者当然由人工智能担任。为了解决这个问题，在一般的人工智能协会、新舸人工智能公司等聚集了一万余名人工智能开发者，他们为了将索菲娅培养成为元宇宙的管理者，制造了索菲娅 DAO，目前还处于研制阶段。

在元宇宙这一虚拟世界里，人们可以制作虚拟化身，以一个截然不同的“自己”生活。在那里，人们可以见到许多人工智能朋友，也可以制造虚拟恋人。但是，这就存在隐藏真实身份，以虚拟化身进行活动而出现的各种问题，比如盗用他人身份，或者由于放松心理戒备，很轻易进行赌博等犯罪活动。当然，我们应该同时探索解决这些问题的实质性规定和对策。

索菲娅 DAO 是维持元宇宙法律和秩序的管理者

与自己始终保持一体的虚拟化身，或者说通过人工智能呈现的镜像虚拟人物，因其与现实世界中的自己有着截然不同的感受，在元宇宙中的生活肯定是快乐的、具有魅力的。而且，那里潜藏着众多的机会和可能性。但是，正如科技发展那样，元宇宙虽然存在诸多的积极方面，但也同时存在很多负面问题。

在元宇宙中，人们可以任意隐瞒自己的真实身份，可以盗用他人的数据，因此创造了诱发犯罪的便利条件。到那时，伪造数字身份、泄露和捏造个人信息、制造虚假新闻，以及衍生其他形态的犯罪和社会问题，可能会大量涌现。全球人类与人工智能共同生活的元宇宙不能仅依靠现有的法律框架，而是需要制定符合元宇宙的新法律、规定及新的身份认证体系。

再者，元宇宙应该由人工智能程序进行管理和控制。结合区块链技术和人工智能技术，建立包括万无一失的身份认证在内的各种认证系统和管理制度也很重要。（株）Moiin 已经获得虚拟身份认证系统的 BM 专利，成为跃居该领域领先地位的企业。并且，（株）Moiin 还与 AHL 公司一同构建未来网络世界的人工智能控制塔。

元宇宙平台的规模比以往的任何组织和国家都要大，预计将增长到超乎想象的程度。鉴于此，为了防止元宇宙变得混乱不堪，相应的制度、管理以及为肩负重任而开发的索菲娅DAO的作用便非常重要。随着索菲娅 DAO 的发展，现实世界及元宇宙世界的人类未来将更加安全、更加幸福。

进驻元宇宙的诸企业
脸书的元宇宙企业宣言

2021 年 7 月，马克·扎克伯格宣布，将在 5 年内将脸书转变为元宇宙企业。也就是说，要将脸书打造成连接虚拟世界，即连接元宇宙的门户。扎克伯格还表示：“预计在今后数年内，人们会认识到脸书不再是社交媒体企业，而是元宇宙企业，元宇宙是社交技术的极限表现。”其主张的核心是，元宇宙是移动网络的接班人，未来所有人都会存在于虚拟空间中。

脸书仅 2020 年销售额就达 860 亿美元，是世界最大的社交媒体企业，荣登 5 大科技企业的宝座。在这种情况下，它放弃了社交媒体企业的头衔，宣布了新的企业模式，宣称要成为元宇宙企业。脸书在 2021 年 6 月末向职员们分享了元宇宙蓝图，这一事实在 7 月末对扎克伯格的媒体采访中公开。除此之外，扎克伯格在公司业绩发布电话会议上也提到了元宇宙，多次坦露了对元宇宙的兴趣和期待。

进驻元宇宙的诸企业

事实上，虽然关于元宇宙的话题在最近才成为热门话题，但脸书很久之前便开始关注该市场。扎克伯格在介绍 2014 年脸书的前景时就曾提到元宇宙。不仅如此，脸书为了打造虚拟世界，一直坚持长期投资和开发。2019 年，扎克伯格以 20 亿美元的价格收购了 VR 产品开发企业 Oculus，还推出了定制虚拟化身，通过 Oculus 耳机进行聊天的 VR 社交媒体“地平线”（Horizon）。

脸书正在集中投资元宇宙相关技术，用 VR 技术打造的虚拟工作岗位——“无限办公室”（Infinite Office）就是典型的例子。据扎克伯格介绍，未来不是通过电话进行相互交流，而是通过元宇宙可以更加自然地进行沟通。他说：“以后的交流不局限在一通电话上，你会以全息图的情形坐在我的沙发上，或者我坐在你的沙发上。这是一件令人振奋的事情。即使在相距数百英里[③]的其他州，你也会感觉像处于同一个空间一样。”

脸书提出的元宇宙蓝图非常全面，如同在观看一部科幻电影。脸书希望在数字空间也能构建出身临其境的“真切感”（Presence）。具体而言，就是让人们觉得不是在虚假世界里与朋友对话、开视频会议、谈业务等，而是在真切的现实中进行以上活动。他们的目标不单是通过网络进行交流，而是实现“置身网络的体验”。扎克伯格将其形容为“具身化的互联网”（Embodied Internet）。

扎克伯格宣称的“VR・AR 将成为新一代主要平台”成为现实。我们不必只生活在小小的手机里，实际上可以生活在能与人沟通的无限广阔空间里，因为我们想去的地方、恋恋不舍的地方等多种空间在元宇宙里是可以实现的。即使不从韩国移居德国，也可以在驻柏林的企业工作，不去美国也可以和美国人成为朋友，不飞往宇宙也可以去行星探险。

③ 1 英里 =1.609344 千米。——译者注

在元宇宙中，唱歌、跳舞、约会、健身、乘坐游乐设施、听演唱会等都成了可能。不仅如此，在元宇宙内还能进行经济活动。扎克伯格计划通过制作数字产品，激活可以实行交易的创作者经济。也就是说，就像在实际空间里开拓新市场一样，要在数字虚拟空间内开拓新市场。

根据脸书的调查问卷《VR · AR：开启新次元的世界》，回答调查问卷的 74% 的人认为，"AR 或 VR 技术会连接线上和线下世界"。据专家展望，到 2025 年，全世界 VR 和 AR 领域的支出将增加约 6 倍。脸书的员工利用本公司开发的"地平线"平台，戴着 VR 耳机进行远程工作。可以说，脸书引领着元宇宙时代。在此基础上，脸书还让用户们做好了移居到元宇宙的准备。

英伟达的黄仁勋，"无限思维"（Omniverse）上市

英伟达的 CEO 黄仁勋表示："我们为过去的 20 年感到惊讶吗？以后的 20 年与科幻小说没什么区别，元宇宙的时代正在到来。"我们已经在《我的世界》或《堡垒之夜》等游戏中经历过初期阶段的元宇宙，但在元宇宙里，游戏也进化了，游戏玩家为了建设城市、举办演唱会和其他活动，和朋友们相聚并进行交流。黄仁勋预测的"元宇宙将成为继互联网之后的虚拟现实空间"这一论断已经成为现实。正如他所说，未来的元宇宙与现实非常相似，就像《雪崩》中的场景一样，人类的虚拟化身和人工智能在里面一起生活。

英伟达早在 25 年前就向世界首次推出了图形处理器（Graphic Processing Unit，简称 GPU），并引领了市场。而且，随着人工智能

的发展，预计 GPU 的需求也将巨幅增加。目前，虽然 GPU 应用在游戏上，但随着运算能力提高的 GPU 被用于数据中心，就会侵占数据中心市场。最近，英伟达不仅供给 GPU，还提供以 GPU 为基础的人工智能开发平台。

2021 年 4 月，黄仁勋推出了虚拟空间平台“NVIDIA Omniverse Enterprise”，这是以皮克斯动画工作室（Pixar Animation Studio）的“通用场景描述”（Universal Scene Description，简称 USD) 及“NVIDIA RTX”为基础的实时模拟及合作平台。虽然是虚拟空间，但设计成了遵循实际物理法则的平台。这是世界首个支持 3D 设计团队在虚拟空间实时进行合作的技术平台。它以开放型的标准及协议为基础，将艺术家、设计师、创作者等在空间上分散的人们连接到共同的世界，以便进行有效的合作。

英伟达在 2021 年推出了 Omniverse Enterprise 许可证，并开始与宝马、福斯特建筑事务所（Foster+Partners）、工业光魔公司（ILM）、动视公司（Activision）、WPP 集团等企业进行合作，在开放测试版上市后，将约有 1.7 万名用户下载了该平台。人类已经立于基于区块链技术的元宇宙中间。黄仁勋在憧憬未来时说道：“我们收藏的艺术品即将成为通过 NFT 转换的数字艺术品，由此可以展示独一无二的数字化艺术品。”

实际上，元宇宙市场的潜力非常巨大。如果相关技术得到发展和实现相互融合，今后的元宇宙市场将快速增长。据普华永道会计师事务所预测，元宇宙的核心市场将从 2019 年的 455 亿美元增加到 2030 年的 1.3650 兆亿美元，也就是说，将增加 33 倍以上。

政治与娱乐行业
将在元宇宙中实现

在 2020 年美国总统选举中，当选民主党总统候选人的前副总统拜登在游戏《集合吧！动物森友会》内进行了竞选活动。他在虚拟的动物森林里建造了宣传自己的岛屿，并取名为“拜登总部”（Biden HQ）。此外，他向所有动物森友会用户公开了自己的无人岛代码，邀请选民到岛上。

岛上有拜登的虚拟化身，如果见到虚拟化身并开始与其搭话，它就会随机说出大选活动的公约。“拜登岛”共划分为两个区域：一个是拜登的选举办公室，内有拜登的相关资料；另一个是投票处，在这里鼓励选民投票，并介绍选举日期和投票方式等。拜登之所以在选举期间利用任天堂的游戏，是因为随着新冠肺炎疫情的扩散，进行线下活动并非易事。再者，也是为了获取熟悉网络游戏等网络平台的千禧年一代的选票。

政客们为何进驻元宇宙?

拜登并非是政界人士首次利用元宇宙。2007 年，希拉里 · 克林顿在林登实验室制作的《第二人生》中进行了选举游说，还在 2016 年大选中将《精灵宝可梦 GO》用于竞选活动。日本自民党前干事长石破茂为了竞选自民党总裁也使用了《集合吧！动物森友会》，并公开了仿效自己形象的“石破酱”。但遗憾的是，因日本的任天堂游戏条款与其他国家不同，他不得已中途放弃了这项计划。在发生石破茂中断使用《集合吧！动物森友会》事件的同时，他也招致“在不确认条款的情况下而模仿拜登”的批评。

韩国政界也开始积极利用元宇宙。执政党的候选人之一、前民主党代表李洛渊以“守护我人生的国家”的名义，在 ZEPETO 举行了参选宣言发布仪式，并在 ZEPETO 举行了与支持者的见面会。李在明候选人在元宇宙平台“Jump”上举行了京畿道青年参与机构成立仪式，并会见了青年们。朴用镇候选人和金斗官候选人也在元宇宙举行了大选阵营成立仪式、记者招待会等活动。在野党候选人元喜龙创建了“优待喜龙世界”，在 ZEPETO 内与民众进行交流。民主党大选竞选企划团与记者团在元宇宙内进行了示范性的问答，并计划在元宇宙进行入驻仪式等相关活动。国民的力量也决定了他们要建立元宇宙竞选阵营，并通过元宇宙进行竞选。企划财政部公开发布了名为《在元宇宙中论韩国版新政》的视频，经济副总理洪楠基的虚拟化身登场并对新政做了说明。此外，全州市也计划通过元宇宙来进行城市宣传。

虚拟空间之所以在政治界受到如此关注，是因为新冠肺炎疫情使现场竞选演说变得不可能。在寻找选举活动的空间方面，虚拟空间便成了替代方案。再加上这里是年轻人聚集之处，因此非常适合赢得他们的选票。

利用元宇宙的娱乐产业的变化情况

由于非接触文化的出现，人们享受艺术和进行娱乐的方式也发生了变化。柏林爱乐乐团从 2008 年开始引进并运营名为“数字音乐厅”的线上媒体服务，纽约大都会歌剧院在 2006 年首次引进了在电影院现场直播的“现场影院”方式，歌手们的演唱会也转到线上进行……

一些娱乐公司还企划了商业在线系列演唱会，取得了不菲的成绩。众多旗下艺人参与的演出以华丽的 AR 技术搭建了多种舞台背景，通过观众和明星之间的弹幕和视频连接实现了双向沟通。演唱会结束后提供了重播服务，演唱会上还提供了全程聚焦自己喜欢的组合成员的“多镜头录像服务”，从而获得了很好的反响。

值得注意的是，娱乐产业与元宇宙的相遇，开启了新的机遇。以 MZ 世代为主要消费对象的娱乐产业，关注元宇宙营销是理所当然的事情。美国著名说唱歌手特拉维斯·斯科特（Travis Scott）于 2020 年 4 月在游戏平台《堡垒之夜》举行了为期 3 天的 5 场演出，当时的反应比预想的还要热烈，因此受到了所有网络媒体的关注。在演出期间，有 2 770 万名用户进出演唱会 4 580 万次，最多有 1 230 万名用户同时在线观看。据报道，和他在线下举办的演唱会相比，收益率提高了 50 倍。

元宇宙，用嘻哈狙击 MZ 世代

由唤醒健康公司开发的格蕾丝机器人将参加“第 9 届韩流嘻哈文化大奖”评选大赛，格蕾丝可以展示挥舞手臂和扭动头部等 100 种动作，在 12 月 4 日举行的大赛中，格蕾丝将首次与伴舞团队一起跳舞。

韩国嘻哈文化协会计划通过元宇宙平台举办该活动，记录参赛者的歌曲、演技、舞蹈等，继而上传更新到元宇宙平台。之后，粉丝和歌手进行一对一对话，人工智能将记录对话内容。通过这一系列的工作，将帮助粉丝和艺人进行亲密沟通，建立新的偶像和粉丝关系。

哪怕是在 10 多年前，人们还认为嘻哈是非主流文化，但得益于各类电视节目和说唱歌手们的活跃活动，现在嘻哈已经成为代表年轻人的主流文化。另外，在高手如林的世界级比赛中，代表韩国的嘻哈舞团 Gamblerz Crew 持续取得优秀成绩，正在从韩国走向世界。

为迎合这种趋势，韩国将嘻哈舞蹈中的霹雳舞扩大到世界大赛的规模。韩国嘻哈文化协会和民间企业“Zenith L&T”计划通过元宇宙平台举办比赛，还将打造实现获奖者与粉丝对话、销售自己歌曲的环境氛围。

沉迷于虚拟网红的魅力

拥有超过 300 万名粉丝的米奎拉（Miquela）是居住在洛杉矶的 20 多岁的女性，是一位时尚网红。她为香奈儿等名牌代言，一年收入达 140 亿韩元。她曾表示，喜欢关于意大利歌手拉菲（Raf）的一切，对维吉尔·阿布洛的路易威登时装秀留下了深刻的印象。

米奎拉最近正在考虑开设 YouTube 化妆教程频道。在得到 MZ 世代热烈支持的同时，对于新一代偶像美妆博主来说，开设 YouTube 频道是非常重要的目标。如此多才多艺的米奎拉是美国初创企业“Brud”在 2016 年以人工智能技术推出的虚拟人物。她不是人类，而

是虚拟网红。

虚拟网红人物不是只有米奎拉。2019 年，宜家在日本东京开设卖场，让虚拟网红伊玛（Imma）担任模特的事情成了当时众人热议的话题。在 3 天里，伊玛在位于原宿的宜家展示厅里吃饭睡觉，也做瑜伽、打扫卫生等，将自己的日常生活录制成视频，并在 YouTube 上公开发布。原宿卖场将该视频投放到大屏幕上，展示了虚拟模特如何使用宜家家具。目前，伊玛的粉丝数有 32 万，一年的收益超过 50 万美元。

2020 年出道的 SM 娱乐的新人女子组合“Aespa”利用虚拟网红的营销方式吸引了人们的视线。组合原本有 4 个成员，再加上另外 4 个虚拟化身，给人一种 8 人组合的感觉。SM 娱乐公司总制作人李秀满对虚拟娱乐进行了以下说明。“今后将通过人工智能和机器人打造出更多个性化的虚拟形象，以此为基础，在不久的将来就会出现超大规模的虚拟帝国。”除此之外，新韩生命（Shinhanlife）在韩国首次制作了虚拟模特罗西（Rosy），LG 公司打造了创作型歌手“金莱儿”。

那么，人们为什么对虚拟人物如此狂热呢？首先，这与因新冠肺炎疫情扩散而带来的线上文化的繁荣非常吻合。与已经出道的艺人不同，虚拟网红不受时空限制，不受疫情影响。再者，他们不会因为忙碌的活动而感到疲惫，可以很轻松地缓解疲惫。到目前为止，由于技术的缘故，他们只能进行短时间广告的拍摄活动，一旦技术得到高度发展，甚至可以期待他们出演电影和电视剧。

其次，虚拟网红突出的特点就是善于沟通交流，这是吸引 MZ 世代的关键。如果他们既拥有嘻哈魅力，又能与粉丝们进行活跃的沟通和互动，那么 MZ 世代就不会太在意他们是否为真正的人类。除此之外，虚拟网红不会发生恋爱、暴力、药物等私生活问题，所以不会给自身形象带来危害。

当然，虚拟网红也不是没有任何问题的。因为他们长着人类无法拥有的非正常标准的外表，所以美的标准有可能被歪曲。另一个问题是，有利用换脸技术（DeepFakes）合成虚拟网红淫秽物的危险。再者，通过换脸技术将虚拟网红的面部合成为现实世界里人物的脸，从而有可能引发色情问题。正因这一点，虚拟网红也饱受争议。前文虽然提到了索菲娅 DAO，但随着元宇宙的发展而引发的各种问题该如何管理，显得非常重要。因此，我们不仅要考虑事后治理，还要考虑制定事前预防的技术和政策。

NuNet
为去中心化计算系统而生的新生态体系

如果太阳能时代到来，不仅需要收集各家屋顶上的太阳能，还需要一个以地区或小区为单位分配太阳能使用的体系。作为智能电网的一种类型，它通过实现电力供应者和消费者之间的双向沟通，优化能源效率。也可以说这是一种所谓的去中心化的电力供应形态，因此电费也会接近免费。以此类推，还会出现一种能够聚集各自的计算机处理能力、进而再实现双向沟通，使得全世界公民都能进行合作的方式。这种去中心化的全球计算基础设施就是 NuNet。如果 NuNet 进一步升级，将成为索菲娅 DAO 的网络基础设施。

NuNet，分散化的全球运算基础设施

为了摆脱美元的影响，萨尔瓦多开始使用比特币。全球正在逐渐脱离各国中央政府的影响力与权力。正因如此，网络也有必要通过分散化、最优化的计算性能和云计算来实现去中心化。

具有代表性的生态系统就是 NuNet。NuNet 是指将数据及计算资源的持有者与需要资源的计算程序连接起来，提供全球分散化、最优化的计算性能和存储性能的运算框架。并且，它提供了计算程序与物理计算基础设施之间的智能互操作层。换句话说，这是将网络社区的潜在计算资源以智能方式运用到全球计算网络的生态系统。白皮书《NuNet：分散计算的全球经济》介绍了关于 NuNet 的所有信息。让我们来了解下其主要内容。

通过 NuNet 基础设施，可以在全球网络内有效配置 AI 程序、接口及数据，并设置 M2M 支付及数据流媒体渠道。由此可以最大限度地减少全球的运算费用，来实现数据经济及物联网的新商业程序。

NuNet 平台与个人电脑、服务器及数据中心绑定在一起，被设计成包含移动消费装置、边缘运算及物联网装置的非常灵活的网络。另外，NuNet 平台还支持构成要素之间的灵活互操和工作流程设计的智能自动化。因此，NuNet 利用 Web3 技术、无服务器架构运行、服务网状编排、加密经济等，形成分散的“世界计算机”。

NuNet 是 2017 年开始运营的奇点网络在全球人工智能市场的附属部分，从 2018 年初开始通过奇点网的“X-Lab Accelerator”项目进行孵化。NuNet 平台的技术开发及初期使用案例重点放在扶持奇点网分散型 AI 代理的计算基础设施上。

计算容量、数据及代码的全球热潮正在持续，并以几何级数的速度在增加。但是，由于全球计算基础设施开发的历史状况，计算容量、数据及代码与只有最富有的超级企业才能使用的有限的存取一起被分割成筒仓。这种筒仓的界限和为解除这种问题的分散技术的潜力之间蕴含着巨大的经济社会价值，这些价值逐渐被明确地认识到了。

为了指导最新的机器学习模式，目前运用着可用的计算资源，但需要投入巨额费用，即使短期的教育也需要数百万美元。因此，最尖端的人工智能、ML 技术的开发及应用不适于大部分研究者、个人及中小企业。

NuNet，灵活且分散的运算世界

NuNet 为了解决这些问题，将源代码与独家代码、数据源代码与存储整合为动态分散计算的单一全球经济。通过加强对程序持有者的资源和对资源持有者的程序之间的联系，将数据转换为程序，将存储转换为数据。通过这一过程，从根本上提供新的价值创造功能，从而降低相关计算程序的运营费用。在充分运转的 NuNet 框架中提供的要素如下。

- 运算资源持有者（PC及笔记本电脑、物联网及移动设备等）表现并展示自己的专业技能，并提供多种体系中需要这些技能的程序。
- 存储资源持有者表现和展示自己的存储资源技能，免费提供给数据所有者，或根据个别基本设定进行交换和提供

代币。

- 计算程序持有者表现并展示专业化的计算及数据要求事项。进而，不仅参与资源和诀窍的投标，还通过整个生态界对自身技能及容量进行提议，或进行现货销售。
- 数据持有者展示对数据的说明、存取限制及个人信息保护考虑事项。通过这些，程序可以利用现有的数据，为改善这些数据做出贡献。
- 各参加者（个别用户或资源持有者）可以展示对网络引导资源使用的方法。关于各资源的使用，存在申请可转换加密令牌的方法，各参加者可以表示对方法的偏好。
- 各参加者（社会性企业及商务企业）可以对通过框架提供的免费或收费的资源使用进行投标，并使用基本 NuNet 代币进行支付。

NuNet 的设计以协同的方式提供商业目的和施加社会影响，还可以指定高度精确的用户。商业越来越希望动态分散的计算，因此 NuNet 起到了支持这一技术的商业生态系统的作用。不仅如此，它还为分散应用程序背后的低成本分散计算目的提供了较适合的工作流程设计。另外，NuNet 参加者为了解决重要的全球性问题，将引进捐赠资源和经验的倡议及项目，以此支持全球的社会利益。

为加速运算资源管理革新的实践战略

在过去的 10 年里，计算机科学及相关领域的技术进步超越了经济中心集中化和垄断技术的基础设施，因此带来了很多可能性。NuNet 为了实现所有人的利益和全球运算资源管理的加速革新，提供了多种选择。NuNet 形成全球可扩展的分散计算框架，以此来提供运算环境。其实践战略如下：

- 打破妨碍普通大众和多种经济主体所拥有的基本计算构成要素相互运用的壁垒。
- 在全球运算框架中，为了设计、实现、实施构成要素及要素组合，需要让人与机器的智能互操变得可能。
- 通过多种混合云及多种垄断资源，使计算工作流程的流动性和移动性成为可能，从物理运算基础设施及位置分离计算程序。
- 为了在计算程序中提供计算反映、位置及内容识别信息，需要研发本体、意义论及 API（应用程序编程接口）。另外，通过限制人类介入，可以使智能型工作流程的产生、学习及元宇宙的学习变成可能。
- 为了参与各计算程序、移动装置、资源和生态系统的持有者所生产的数据价值的公正和安全交换，需要开发一种框架。

NuNet 的数据交换及计算框架将运算技术分散，并统合到可扩展的网络，任何人都可以共享并创造收益，并且利用个人持有的存储器、计算容量、算法、代码及数据、人类的创意性及机械智能的价值。

在这一系列的过程中，有着广阔而深刻的需求。NuNet 的最终目标是支持 NuNet 智能的提高和计算的整体效率进入下一阶段。除此之外，还存在兼备关键性和实用性的目标。任何人都只要在手机上安装 NuNet 应用程序，就能获得代币和许多种类的货币。

我们可以用低廉的费用进行多种商务所需的诸多计算处理。目前，无法实行或只有技术大企业才能存取的部分数据和计算组合将得到更广泛的应用。除此之外，NuNet 还让计算程序成为可能。NuNet 网络运营代理通过调整方式，灵活运用在网络中起核心作用的基础设施，供应个体及供应企业，来承担多种重要的功能。

NuNet 打破了过去数据筒仓、运算性能的集中多端口转发器、程序及代码以中央集中式使用的壁垒。在注意安保或个人信息保护的同时，为了将垄断及垄断结构全球计算的状态转换为开放型合作及资源共享的形式，其将发挥核心作用。现在，运算资源和多种代码将不再只提供给超大型公司。

媒体纪念馆
因AI元宇宙而颠覆的丧葬文化

今天是父母去世 5 周年的日子。我和 3 个弟弟妹妹及家人下车的地方是 AI 元宇宙追悼馆。打开装有父母骨灰和遗物的盒子，取出芯片让父母复活。没能到场的三弟的孩子们在家里客厅用智能手机见到了祖父母。

现在我们进入 AI 追悼馆内的影像馆，在那儿与生前一模一样的父母进行对话。父母对我们说："我们的嫲长大了不少啊，现在是中学生了吧？"我们互相问候着，父母看到孩子们长大的样子感到非常欣慰。孩子们也因为好久没见到爷爷奶奶而撒娇。因为可以通过视频回到过去的情景，也可以和父母对话，所以忌日并不只有悲伤或忧郁。

在那里，二妹见到了深藏于心底的女儿，她满怀深情地说："注意身体啊。"女儿也忙安慰妈妈说道："妈妈，一定要按时吃治疗糖尿病的药啊。"比起见去世的父母，二妹与因病早逝的女儿相见显得更期待且激动。她说想起了以前不能用全息图看孩子的时候，因为想念早逝的孩子去寺庙哭了一整天的场景。

并非在墓地或骨灰堂，而是在元宇宙进行悼念

上述的故事是追悼已故家人的新形态。现在，我们不再将心爱的家人供奉在墓地或骨灰堂，把他们珍藏在影像记录、人工智能元宇宙的时代已经到来。我们通过 AI 聊天机器人与逝者对话，亦或在各种元宇宙寺庙、元宇宙教堂里安放故人或故人的遗物，在那里已然可以与家人相见。

因新冠肺炎疫情的暴发，人与人需要保持一定的社交距离，访问教堂或寺庙变得困难。那么，在元宇宙中建立教堂或寺庙后便可以照常进行访问了。我们可以在比现实更真实的元宇宙中学习圣经和佛经，做礼拜或弥撒，还可以拜佛。通过元宇宙，我们可以为逝者举行各种追悼仪式。

到了超高龄社会的 2025 年，高龄人口比例将达到 20%，墓地与

骨灰堂出现严重不足。国土面积不富裕的韩国只能用 5% 的土地做墓地或骨灰堂，目前已经处于饱和状态。并且，骨灰堂在管理上也存在很多问题，比如产生气味、漏水、生虫等，本打算虔诚地侍奉亲爱的家人，却发生了令所有人心痛的事情。特别值得注意地是，如果是独生子女，如果他们也去世的话，就无法在忌日追思父母。如今，像以前那样，在节日或忌日举行纪念父母、祖父母或其祖先的祭祀也并非易事。

我们有解决这些问题的对策。建立元宇宙平台，用元克隆在其中与心爱的人再相会。这些项目一般是由人工智能协会和奇点网络等协作开发的 AI 元宇宙索菲娅 DAO 平台的一个环节。

人们通过肖像、履历、族谱、视频来制作 CD 影像族谱并存储到影像图书馆的元宇宙里，每月只需支付少量费用，便可以进入元宇宙。我们可以在元宇宙追悼院中设置的祭桌前进行祭祀，也可以在家利用 AI 聊天机器人与故人进行对话。我们可以向高僧倾诉苦恼，也可以向神父坦白自己的罪行。所有的情景都是在非接触的元宇宙中进行的。我们只要用智能手机下载应用程序并按程序点击即可。

元宇宙中的寺庙

如果想让虚拟寺院变得逼真，需要什么样的过程呢？对寺庙的内部及外部的近景进行实地拍摄，然后进行 3D 扫描，住持大师或信徒等人物也通过 3D 扫描技术逼真地表现出来。此时，还要添加人物动作。通过动作识别技术、全身运动跟踪技术、虚拟形象动作实时映射技术等，可以更加细致地将人物形象表现出来。目前，韩国企业

（株）Moiin 正在牵头研发这项技术。

在虚拟寺庙里，我们可以选择或购买祭祀食物，如果支付相应的费用，也可以得到祭祀用的贡桌和贡品。如果运用人工智能完成逝者的元克隆人，就可以看到在贡桌前故人欣慰的样子。另外，高僧的供奉、发愿文、香火、供奉米、燃灯及点蜡烛等都可以在元宇宙中进行。

在虚拟寺庙，自己的虚拟化身将祈祷 3 天、7 天、21 天、100 天、1 000 天。寺庙提供人工智能大师念佛的功能，还提供住持和信徒的交谈等服务。因为是人工智能高僧，所以可以一天 24 小时诵经，24 小时进行交谈。不过，如果想延长服务时间，将追加服务费用。

要想将元宇宙中的虚拟世界构建得和现实一样，图像引擎至关重要，这需要虚幻引擎 5 或超高画质图形技术实景扫描、运动跟踪技术。若不是以虚幻引擎 5 为基础，而是以 Unity 为基础的话，虽然开发费用将减少 1/10，但图像水平会非常低。若想与逝去的家人进行实时对话，让他们用与生前一模一样的脸和声音交谈的话，就需要运用虚幻引擎 5。

AI 聊天机器人与全息技术让生者与逝者的对话得以实现

该项目不仅局限于观看过去的影像，还可以利用 VR 技术制造全息图，以此来和去世的父母、妻子、丈夫、子女见面对话。随着 VR 机器和电脑图像技术的革新发展，呈现像现实一样的虚拟世界成为可能。如果 AI 元宇宙到来，在现实中所有人都会在虚拟世界中以虚拟化身生活，在元宇宙内上学、做生意、享受趣味生活。继而，让逝者在元宇宙里复活也是可能的。

如果技术继续升级，在元克隆上装配人工智能的话，就连表情、语言、行动，甚至记忆或心灵都能以逝者原来的样子再现。倘若数据足够多，人工智能学习的资料就会变得丰富，因此数据越多越好。当元克隆人进行深度学习，甚至会有逝去的父母和子女重新复活一般的感觉。

目前，已经开发出了通过人工智能聊天机器人与逝者进行对话的技术。通过表情、语音复制功能，便可以相互传达感情。这是（株）Moiin 和世界较大的 AI 元宇宙平台索菲娅 DAO 协力研发的一项内容。该服务以手机为基础，只要对逝者的照片、语音进行学习识别，就可以实现复制，继而和逝者进行对话。

人工智能在学习这些数据的过程中，通过自我延展，可以更加接近真实面貌。特别是，如果在没有剧本的情况下进行训练，就可以像与真实的人进行自由对话一样。如此一来，我们便不用因为亲人去了永远看不到的世界而悲伤。因为我们可以一起回味曾经历的事情，并给予微笑，也可以分享之前尚未说出的话。

这不仅局限于人类。在元宇宙里，还可以仿建和逝者一起居住过的房屋，也可以建造喜欢的场所或回忆的空间。在那里，我们可以聊天休息。当然，我们还可以进行对话、一起去 KTV 唱歌、一起在公园散步等。在元宇宙里，人类永远在一起也将成为可能。现在，与逝者见面对话，让他们复活，和他们一起生活不再只是想象中的事情。

第四章

逆转衰老与死亡

韩国的人口老龄化正在迅速到来。到 2035 年，老龄人口即使自己有房产也很难出售，他们没有子女的经济支援，只能靠政府补助或退休金生活。那些患有痴呆症或阿尔茨海默病的老人的处境将更加困难，相当一部分人将流落街头。警察局也设立了专门的部门来管理这些老人。

虽然很多老人戴着刻有电话号码等联系方式的手链、项链或者穿着印有个人信息的衣服，但是因为他们自己找不到回家的路，所以最后都聚集在警察局。这些老人中的大部分都面临着子女在海外居住，或者子女拒绝赡养，或者独生子女已经死亡的情况。绝大多数独居老人是因为卒婚或晚年离婚等原因而导致孤身一人，但也有很多老人是因为逃离养老院才独自生活的。

奥塔哥大学研究团队制造了类似于谷歌眼镜的机器。这是一种能够包裹头部，产生电脉冲来刺激嗅觉神经的可穿戴设备。因为嗅觉一般在阿尔茨海默病的早期阶段会出现功能失调，所以该装置的原理是在控制感觉输入的侧脑叶附近安装 6 个电极，通过启动电刺激来预防阿尔茨海默病。

韩国在预防阿尔茨海默病方面投入了大量精力，不仅大力引进了上述装置，而且还积极研发了适合韩国社会的“韩国版本”，并将这些设备分发给老年人。这之后，在街头徘徊的老年人减少了许多。另外，为了预防阿尔茨海默病，韩国首次开发了非侵入性、可佩戴式脑刺激系统，这个系统可以抑制阿尔茨海默病发展为老年痴呆症。

抗衰老技术
跨国企业征服衰老和疾病的角逐

世界最大的电子商务企业亚马逊的创始人杰夫·贝索斯最近投资了名为“Altos Lab”的生命工程初创企业。关于 Altos Lab 目前尚没有太多信息，但可以确定的是该公司是一家利用基因编辑技术研究如何“重新编程”人类的生命工程企业。该公司的目标是，通过对人类基因重新编程来防止衰老，并且使人重新变得年轻。Altos Lab 正在以美国斯坦福大学、英国剑桥大学为中心招揽人才。

众所周知，各大跨国企业的 CEO 们在生命工程领域投入重金，致力于研发延长寿命的技术。谷歌、苹果、脸书、IBM 等企业正在尝试通过人工智能、大数据、云计算等把 IT 与生物技术融合起来。他们认为，结合多种尖端技术的医疗保健技术才是未来新事业成长的动力。据一家市场调查机构透露，精密医疗、再生医疗、脑科学等生物医疗领域的全球市场规模到 2024 年将达到 2.6 万亿美元。

致力于延长生命和克服衰老的企业

脸书的 CEO 马克·扎克伯格和他的夫人——儿科专家普莉希

拉·陈一起投入到生命科学的研究中。他们在2016年成立了陈·扎克伯格生物中心，并投资了6亿美元，旨在预防和治疗疾病。陈·扎克伯格生物中心致力于绘制能够移动人体主要器官的细胞地图——细胞图谱，并一直在研究治疗埃博拉、艾滋病、寨卡、阿尔茨海默病等疑难杂症的方法。扎克伯格夫妇曾表示，将以消除世界上所有疾病为目标，在今后10年内捐赠30亿美元。

PayPal的联合创始人彼得·蒂尔也向正在从事寿命延长研究的名为“联合生物技术”的美国初创公司投资了600万美元。谷歌在2013年设立生物企业Calico后，与全球制药公司艾伯维（AbbVie）共同投资了15亿美元用于衰老研究。世界第二大软件企业甲骨文公司的共同创始人拉里·埃里森成立了“埃里森医学财团”。该财团从1997年开始，仅对衰老研究一项就投入了数亿美元。微软的联合创始人保罗·艾伦也投资7.09亿美元，建立了艾伦脑科学研究所。德国SAP的联合创始人迪特·玛尔霍普也一直在积极投资生命工程事业。IBM以人工智能医生“沃森”为基础，致力于征服不治之症。苹果在世界上首次推出了可以测定心电图的智能手表，增强了其在医疗保健领域的影响力。事实上，不止硅谷的亿万富翁，三星、SK、LG等韩国企业也涉足生物产业。这些世界首屈一指的企业之所以投资延长寿命和克服衰老方面的研究，是因为他们相信这可以解决老龄化社会的问题。如果这些研究取得积极成果，人类的“健康寿命”就会延长，这可以大大地减轻老年人群的医疗费用负担。

19世纪末，人类的平均寿命仅仅40多岁。而现在，人类的平均寿命大大延长，并且还有可能延长。网络、传感器、人工智能、云计算、机器人工程、生命工程、纳米技术等技术的融合为人类减缓衰老、超越寿命极限做出了贡献。

现在以及今后几十年内，人类将积极开展能够治疗疾病、实现人类健康长寿的生物学研究项目。纳米技术革命也将紧随其后。现代生物学使人们对衰老过程有了更深入的理解，生命工程通过这种理解，不仅能够早期发现疾病，还能使人体器官再生。

也有人对人类的寿命延长表示担忧。美国政治经济学家弗朗西斯·福山在《超人类主义是世界上最危险的想法》一文中警告道："如果生命工程技术发展得太快，那么我们将会试图改善疾病、身体极限、有限的生命等问题。寿命的延长可能会给全人类带来灾难。"

通过人工智能开发快速有效的新药

在延长寿命方面，另一个值得关注的领域是制药业。平均一种新药上市需要 1 000 多名人力付出 13 ~ 15 年的时间进行研发，平均需要花费 16 亿美元。但是，如果在新药开发中引进人工智能系统，就可以大幅减少所需的时间和费用。

Insilico Medicine 是第一家在新药开发过程中引入深度学习技术和人工智能的公司。该公司的科学家们通过追踪生物医学研究结果，构建了识别衰老、寿命延长相关物质及化合物的数据库。该数据库使用基于深度学习技术的独家生物信息工具进行数据筛查，以此来确定对人体安全有效的候选新药的优先顺序。

利用生成对抗网络（Generative Adversarial Network，简称 GAN）技术，训练筛选工具区分真实图像和合成图像。通过这种方法，制药企业可以开发和生产针对不同患者的药物和药物组合，还可以开发延

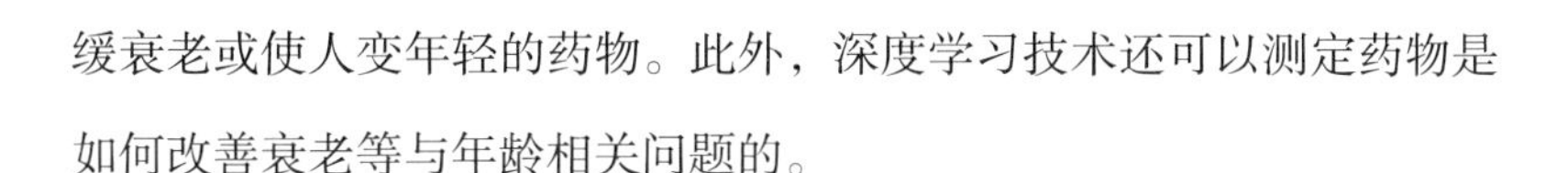

缓衰老或使人变年轻的药物。此外，深度学习技术还可以测定药物是如何改善衰老等与年龄相关问题的。

医疗革命的主角——干细胞

与干细胞研究和 CRISPR 基因剪刀相关的产业可以说是延长人类寿命产业领域的代表性产业。干细胞可以分化为心脏、神经元、肝、肺、皮肤等特殊组织，是一种可以自我更新和再生的多功能细胞。另外，干细胞还可以治疗损伤或炎症部位的伤口，使其恢复正常功能。如果我们能够理解并利用这种独特的细胞，那么不仅能使寿命得到延长，而且所有的慢性疾病和再生治疗也都将取得革命性成果。

事实上已经有很多利用干细胞成功治疗瘫痪患者的案例。斯坦福大学曾通过注射干细胞成功使脑中风患者恢复行走能力。南加州大学的神经恢复中心曾向一名 21 岁瘫痪男子的受损颈椎里注射干细胞，3 个月后，该男子的双臂有了知觉，肢体动作得到大幅改善。干细胞治疗开启了阿尔茨海默病、帕金森病、肌肉萎缩症等神经退行性疾病治疗的新途径。

随着慢性疾病治疗方法的开发和对再生治疗项目需求的增加，干细胞研究获得了更大的动力。干细胞研究中潜力最大的领域为，组织工程、干细胞银行、间充质干细胞（Mesenchymal Stem Cells，简称 MSC）的临床应用、细胞再生项目等。

组织工程的目的是把在体外培养的组织移植到生命体内，并使其再生新的组织，以此来维持、提高、复原生命体的功能。组织工程领域的科学家们目前运用细胞移植、材料科学、生物工程领域的技术，在受损的生命体组织中制造能够恢复和维持正常功能的替代物质。干细胞研究的发展加速了这类研究的前进步伐。特别是新生儿干细胞的研究有可能会极大地改变组织工程现有的观点。

干细胞银行在新生儿出生时提取携带未受损 DNA 的干细胞，并将其大量复制后冷冻保存。新生儿脐带血和胎盘中拥有丰富的干细胞，如果不丢弃并将其保存的话，那么它将有可能成为实现人类长寿和健康生活的钥匙。一家名为“生活银行”的私人细胞银行公司已经在从事此项业务，该公司将干细胞分离后，对其进行加工，然后低温保管（细胞在零下 180 摄氏度左右冻结）。

间充质干细胞已经在医疗机构使用了约 10 年的时间。目前，全世界有 344 件登记的临床试验旨在评价基于 MSC 细胞治疗的潜力。从动物实验到临床试验，MSC 在众多疾病治疗方面取得了不俗的进展。整形外科正在关注 MSC 分化成成骨细胞、肝细胞、软骨细胞的能力。

沙克研究所（Salk Institute）的研究团队利用把普通成熟细胞重新编程为多功能干细胞（Pluripotent Stem Cells）的程序，将老鼠的寿命最多延长了 30%，并成功使部分生命组织年轻化。这虽然没有改变细胞的遗传密码，但它会限制基因，改变决定特定基因活动性的 DNA 的化学性质。这一类 DNA 化学物质被称为“后生遗传学的痕迹”（Epigenetic Mark）。这一发现暗示了后生遗传学变化是生命体衰老过程的核心，且这种变化可能被改变甚至逆转。

新一代诊断项目—— 外泌体
健康检查和疾病诊断的模式转变

假如人类寿命延长并超过 100 岁的话，那么人类的关注焦点将转移到“永生”上。科学技术不断发展，人类已经在抗衰老和延缓死亡方面取得了进步。不仅如此，现在的疾病诊断、健康检查等保健领域也处于模式转换过程中。

跃升为新一代诊断事业的外泌体

最近，外泌体（Exosome）作为生物业界最尖端的研究领域而备受瞩目。外泌体存在于尿液或血液等多种体液中，是一种大小为 30 ~ 100 纳米的微小膜泡。外泌体是为了细胞之间的信息传达及交换而分泌的物质，即它在运输蛋白质、RNA 等的同时，还负责细胞的免疫反应、信号传达、抗原提示等信息传达体的功能。

人们逐渐认识到外泌体中含有的微 RNA（miRNA）与多种疾病相关，伴随着这一认知，癌症等疾病的预测和早期诊断变为可能。目前，医疗保健领域的检查方法逐渐从活体组织检查转变为液体活检。正因如此，外泌体的研究和临床应用有增无减。

目前，除了在胰腺癌、大肠癌、肝癌、前列腺癌等癌症治疗领域之外，在忧郁症、脑中风、愤怒调节障碍、老年痴呆等脑神经领域也在进行外泌体临床试验。不仅如此，最近外泌体的临床应用还扩大到了新型冠状肺炎病毒、支气管肺发育不良等呼吸道领域和糖尿病、心脏疾病等多个领域。

随着外泌体在医疗诊断领域的应用范围不断扩大，全世界对外泌体研究领域的投资也在增加。资料显示，预计全球外泌体市场将从2018 年的 3 470 万美元激增至 2023 年的 1 亿 8 620 万美元。

新型冠状肺炎病毒变异毒株的治疗变为可能

2021 年，釜山会展中心召开了“2021 年韩国干细胞学会年度大会”，会议发表了利用外泌体实现“健康老龄化”（Healthy Aging）的研究进展情况和研究成果。车医科学大学（Cha University）生物工程系教授文智淑在大会上发表了以“MSC-EV 中微小 RNA 的功能性作用”为主题的报告。

《韩国日报》对此做了相关报道，报道内容整理如下：文教授团队的研究结果显示，“间充质干细胞胞外囊泡”（MSC-EV）可以治疗新型冠状肺炎病毒变异毒株。文教授表示，正在利用 MSC-EV 寻找各器官的生物标记。如果能够充分利用找到的生物标记，那么不仅可以诊断和预防衰老疾病，还可以开发治疗衰老的药物。文教授特别强调：“MSC-EV 若能得到充分利用，新型冠状肺炎病毒变异毒株也有望予以清除。”

文教授团队从胎盘干细胞及胎盘附属物中分离出 MSC-EV，并对其进行分子数据分析。结果显示，存在于 MSC-EV 的 84 个 miRNA 中，有 5 个 miRNA 如果与新型冠状肺炎病毒的 3’UTR（Untranslational region）结合的话，将会阻碍病毒表达。特别是 MSC-EV 中的 miRNA，其在与新型冠状肺炎病毒的 3’UTR 结合时，不会产生副作用。

研究组通过实验发现了 miRNA 可与新型冠状肺炎病毒 3’UTR 结合 75%～92%。在新型冠状肺炎病毒的细胞实验中，研究组在处理 1.25～5 微克的 MSC-EV 时，发现了病毒表达得到抑制的事实。这意味着可以通过调节代表性的免疫调节因子（白细胞介素 -1β、白细胞介素 -6、肿瘤坏死因子 -α）的表达，控制参与细胞因子（控制身体防御机制的免疫调节蛋白质）生成的因子表达。

整理一下文教授的论点，就是即使新型冠状肺炎病毒发生变异，3’UTR 部分也几乎不会改变，因此如果开发出阻碍该部分的治疗药物，那么任何新型冠状肺炎病毒变异毒株都可以被杀死。而如果上述研究成果能够得到应用，那么近来备受世界关注的新型冠状肺炎病毒变异毒株和“细胞因子风暴”问题也将得到解决。

可进行个性化治疗的基因诊断

史蒂夫·乔布斯是全球首次分析自身基因的 20 位先驱者之一。他在 2003 年 10 月被诊断为胰腺癌，并且是一种叫作胰小岛细胞神经内分泌肿瘤的罕见癌症。美国胰腺癌患者中仅有 1% 的患者属于这类癌症。他于 2004 年接受了胰腺癌手术，但在 2008 年复发，于是在 2009 年又接受了活体肝移植。乔布斯因癌症二次复发而接受抗癌治疗的过程中曾来到布罗德研究所。布罗德研究所由哈佛大学和麻省理工学院共同设立，是世界上基因分析领域具影响力的研究所之一，该研究所主导了人类基因组计划。

乔布斯意识到自己患上的癌症是一种罕见癌症，传统医学方法在治疗这类癌症上存在局限性，因此他希望能找到适合自己基因的定制药物。乔布斯希望布罗德研究所解读自己的部分基因组序列，并以此为基础给出治疗效果最佳的靶向癌症治疗方案。遗憾的是，虽然研究所通过基因分析找到了诱发癌症的变异基因，但当时未能开发出合适的治疗药物。后来，乔布斯的身体状况急剧恶化，最终离开了这个世界。虽然乔布斯离开了人世，但是他接受的基因分析技术现在逐步应用于医院诊疗，离我们越来越近。

在乔布斯与疾病抗争的同时，比尔·盖茨和拉里·佩奇知道了乔布斯秘密进行遗传信息分析一事，并投资了布罗德研究所创建的遗传体分析风险企业基础医学公司（Foundation Medicine）。基础医学公司从 2012 年开始对 300 多个与癌症相关的基因进行分析，旨在寻找适合患者的抗癌药物。

尽管基于基因分析的个人定制医疗拥有各种优点，但依然未能得到普及。其中，最大的原因是费用昂贵。2011 年，乔布斯分析个人遗传体所需的费用超过了 10 万美元。但是随着基因分析市场的革新发展，基因分析的费用已经大幅下降。美国企业 Illumina 发布了新一代碱基序列分析的新平台 NovaSeq，通过这一平台可以用 100 美元左右的费用解读一个人的所有基因。

如上所述，随着基因检查费用的下降，普通人也可以尝试基因分析。实现私人定制型诊断和治疗只是时间问题而已。

通过衰老研究来拯救生命和社会

人类知道自己终将走向死亡，但是奥布里德格雷博士和巴克衰老研究所的布莱恩·肯尼迪（Brian Kennedy）博士表示：“延长寿命才是人类值得追求的目标。”寿命的延长不仅仅意味着活得更久，还包括以无疾病的状态度过老年阶段。

到目前为止，医疗部门的研究重点是逐一治疗与衰老相关的疾病，如糖尿病、癌症、痴呆症等，但似乎都没有成功。引发这些慢性疾病的首要原因和确切原因在于人活得越来越久。因此，奥布里德格雷博士和布莱恩·肯尼迪博士认为，如果以防止衰老为目标，可能会推迟大部分疾病的发生。

DNA 研究领域的飞速发展也创造了一系列的相关工作岗位。以研究动植物的遗传方式、重新制造基因组合为工作内容的基因工程研究院、生命工程研究院、生命科学研究院等的活动将更加活跃。在美国和日本，制造人工器官的组织工程师、通过基因检查向受检者和家人提供遗传疾病信息、告知治疗和预防方法的基因顾问、通过分析基因来预防或治疗疾病的基因程序员等职业现在是备受关注的高人气职业。

生物化学产品制造技师也是一种新兴的职业，他们以生物工程领域的研究内容为基础，提供相关技术，负责生物产品的生产。与生命工程相关的职业呈现出多样化的势态，有生物工程技师、水质环境技师、大气环境技师、食品技师、废弃物处理技师等。

此外，引入量子力学的健康检查系统也在研发之中。量子计算机（Quantum Computer）是利用无法再分割的最小能量单位量子（Quantum）

互相重叠、交织现象来进行计算的电脑。如果将这种技术引入扫描仪，使得量子扫描仪和量子计算机连接起来，那么人类的健康管理将上升到另一个层级。如果这种技术得到应用，那么只通过单纯的扫描和分析人体，就可以非常详细地确认各部位和各器官的健康状态。

现有的身体健康检查方式不仅程序复杂，而且存在无法观察人体所有器官的问题。即使进行 MRI 或 CT 拍摄，也有可能捕捉不到人体的异常征兆，而且因 X 光或影像判读错误导致病情延误、加重的事例也很多。假如量子生物技术继续发展并得到应用的话，那么今后即使不采取直接剖开器官组织的方式，也能够对内部器官进行详细的检查。如果该技术能够得到正式认证并实现商用化，必将给健康检查、疾病预防、疾病诊断、治疗等带来划时代的变化。

今后 20 年内，基于干细胞和人工智能的新药或许将永远改变医学领域。今后，医学将不再局限于治疗疾病，它还在延长生命、消除潜在生命隐患方面发挥作用。同时，随着医学科技的发展，一系列与之相关的新兴产业也将崭露头角，相关职业和专家的数量也会不断增加。或许，我们正生活在人类历史上最有趣的时代。

超人技术
2044年的奥运会是什么模样？

有一位篮球选手虽然不能灌篮或带球，但是在罚球或投 3 分球上几乎没有失误，它就是丰田的篮球机器人“Q3”（Cue3）。Q3 机器人身高 207 厘米，它利用身体上的传感器来呈现篮筐所在位置的三维图像。Q3 机器人从调整手臂和膝盖的力度到投篮动作结束，整个过程不到 15 秒。虽然它在速度和移动性方面逊色于真人篮球玩家，但其准确性是毋庸置疑的。

丰田的竞争对手本田以“阿西莫”（ASIMO）闻名于世，可以说这是 20 世纪 80 年代步行机器人研究的顶峰。阿西莫不仅可以跑步，还可以识别人脸、躲避障碍物、握手、倒饮料、搬运托盘等。机器人何时才能完成灌篮这一需要奔跑、带球、跳跃的绝技呢？参与机器人 Q3 研究的工程师 Tomohiro Nomi 预测说：“随着技术发展，这一目标有可能在 20 年之内实现。”

人类在奥运会中与人工智能或机器人对决?

当今的奥运会是以人类与生俱来的基因为基础进行的公平竞争。但是，20 年或 30 年后的奥运会将与现在截然不同。今后，基因编辑、人工智能、3D 打印等尚处于发展中的技术将会对奥运会产生巨大的影响。

诸多体育赛事和奥运会经常宣传的宗旨是“公正”。但事实上，当下的奥运会是人类与生俱来的基因竞争，这是否是真正的公正也值得怀疑，因为优越的遗传潜力本身也有可能成为不公正之处。那么，如果利用剪切、粘贴、追加、重组人类基因的基因编辑技术来赶超与生俱来的基因差异会怎样呢？使用从细菌免疫系统中发现的、能够自由编辑人类基因的“DNA 剪刀”（CRISPR-Cas9）的话，就可以对基因进行编辑。也就是说，人类可以克服遗传基因的优越性和劣等性。

天生的基因和后天的技术，哪个更公正还有待商榷，但不管怎样，理论上可以利用基因编辑技术创造优越的遗传基因。

到 2044 年，奥运会的面貌将会与现在截然不同，人类将与人工智能、机器人、最尖端机器进行对决。通过转基因、人类增强技术以及 BCI 技术，可以创造更有趣的奥运会。通过基因遗传编辑技术诞生的 10 英尺高的篮球选手、结合人工关节并且具备极佳柔韧性的体操选手、能够支撑超高负荷的举重选手、百发百中的射箭选手将齐聚一堂，我们离这样的时代已经不远了。人类通过基因编辑技术以及人类和机器的结合，可以跑得更快、跳得更高、扔得更远、投得更准。

随着上述技术的发展，未来 2056 年奥运会即将举行之际，为了维持竞技的公正，有可能要根据基因来划分选手的等级了。那么，多种技术是如何融汇在一起，并且进一步提高人类的能力的呢？

利用基因编辑技术诞生的人类，能否实现真正的公正？

我们可以大胆设想，通过遗传顺序及胚胎选择，能够诞生出保有特定遗传性质的孩子。如果使用基因剪刀，人类不仅可以编辑基因，还可以量身定制婴儿。

基因编辑技术已经发展到了可以人为地操纵基因代码、为人类量身定制婴儿的水平。该技术不仅可以克隆动物，甚至还可以制造人类和动物的杂交品种“喀迈拉”（Chimera）。但是这些无一例外地都会面临道德伦理层面的问题。基因编辑的适用范围的边界应该在哪里？该从哪里开始阻止？对于意图不当的基因编辑行为应当采取何种制裁？

人类的“胚胎阶段”编辑基因依然存在争议。让我们假设一下，基因编辑技术得到进一步发展（尽管存在种种争议），通过基因设计而诞生的孩子成了运动员，并且要参加奥运会，他们能否被奥运会所接受？在这种情况下，选手们的级别或等级应该以什么标准划分？此外，体育竞技最重视的公平竞争能否实现？

传感器及增强现实对患者和运动员的影响

在众多体育运动中，信息是成功的关键，同时信息在训练中也起着极大的作用。游泳选手们在训练时已经开始使用能够提供音频反馈的传感器。通过传感器，教练可以直接确认运动员的身体反应，并给予实时反馈，以此获得最佳的训练效果。此外，传感器还可以实时监测选手的营养水平、荷尔蒙分泌情况及其他医学信号，利用这些信息，工作人员能够更有效地为运动员准备取得最佳成绩所需的物品。

使上述情况成为可能的生物传感器已经占据了我们相当一部分生活。佩戴在身上的智能传感器使人们无须使用有线集线器（HUB）就能够连续、半连续地监测患者和运动员的生理、心理参数。智能传感器会对体温、血糖数值、心率、血压、病毒感染、血液或细胞状态等所有生命体征进行详细诊断，如果检测到异常，不仅会告知佩戴者，还会为其找出治疗方法。用智能传感器实时准确地监控生命体征，不仅可以发现人们潜在的健康问题，还可以帮助患者恢复健康。

在传统医学中，长期监测是临床医生的工作，费用比较昂贵。但是，最近可穿戴式智能传感器设备的使用越来越多。一方面，这些设备可以使监测费用降低；另一方面，患者可以自行监测自己的生命体征，极为方便。除了患者外，这类设备对监测运动员的生命体征也非常实用。

这类智能传感器可以安装在牙刷、马桶、被子、衣服、手表等我们日常使用的所有物品上，用于实时检查和管理人的健康状态。此外还有一种传感器，不是安装在物品上，而是像贴纸一样能够直接贴在我们的皮肤上，也就是说传感器的形态今后也将发生多种变化。该技术有望在体育领域得到广泛应用，体育教练利用传感器不仅可以观察选手的竞技能力，还可以从生理学角度监测选手的生命体征，计算出替换选手及运用其他手段的最佳时间。

增强现实也有助于激活运动员的能力。运动员可以在虚拟空间中设置多种变量进行运动训练，也可以将对手的身体条件、“战术”输入到数据库，在增强现实中提前进行模拟较量。“低频肌肉电刺激”（Electro Muscular Stimulation）的原理是向人体发送弱电，利用弱电刺激人体的运动肌肉。如果将低频肌肉刺激引入增强现实，则可以取得显著的训练效果。

以排球比赛为例，对手每次击打球的方向和速度是不同的，相应地，排球选手每次移动身体的时机、方向、跳跃的高度等也是不同的。在引入低频肌肉刺激的增强现实中，选手们可以提前模拟是进行时间差战术，还是使用快攻进行反击。事实上，这不仅能使选手们体验到与对手进行比赛的现实感，还有助于他们制定周密的战略和战术。换句话说，就是在假想空间进行实战训练。最重要的是，这种练习可以“无限反复”，这是它最大的优点。如果互动质量再有所提高，那么选手们的真实体验感将会更强。

超人与半机械人奥运会
人类与机器人结合带来的变化

2014 年 6 月 12 日，举世瞩目的足球世界杯开幕式在巴西举办，并上演了惊人的一幕。主人公是一位名叫朱利亚诺·平托（Juliano Pinto）的青年，他曾因意外事故导致脊髓损伤和下半身残疾。因此，别说是踢足球，他连站立都困难。但当他从轮椅上站起来开球后，现场 7 万多名观众报以雷鸣般的欢呼。这是因为平托配备了被称为“外骨骼”（Exoskeleton）的“穿戴式机器人”——一种用人类大脑控制的外骨骼机器人。

通过假体和生物工程克服身体障碍

哈佛大学和下肢康复机器人（ReWalk Robotics）共同开发的“轻量柔性外骨骼机器护甲”（Exosuit）是为了帮助受多发性硬化症等病痛折磨的人找回活动能力而制作的。其特点是采用柔软的纤维设计来减轻装备重量，从而帮助下身残疾的患者重获活动能力。缔造朱利亚诺·平托开球这一奇迹场面的是一个名为“重新行走项目”（Walk Again Project）的研究团队。后来，他们带来了更为惊人的研究结果：穿着轻量柔性外骨骼机器护甲，经过 1 年大脑集中训练的 8 名双侧麻痹患者局部恢复了知觉，并且可以自发控制有残疾的身体部位。

由杜克大学神经生物学家米格尔·尼科莱利斯（Miguel Nicolelis）博士负责的这一研究成果刊登在一家名为《科学报告》（*Scientific Reports*）的科学杂志上。在此之前，医学研究尚未证实有严重脊髓损伤的患者能够提高知觉和运动能力。甚至连尼科莱利斯博士也受到这一研究结果的冲击，他在接受某媒体采访时表示："我们开始这一项目时并未想到它能获得如此惊人的临床结果。到目前为止，还没有人亲眼看到被确诊为完全麻痹后，过了几年又可以恢复正常功能的病例。"

经过反复研究，下肢康复机器人取得了突破性进展。他们在外骨骼设备增设了提供和分析远程健身数据的功能，还采取了通过物理治疗师来远程指导患者物理治疗的策略。这些研究成果正在加快商业化步伐。据悉，德国保险公司将对"ReWalk 6.0 系统"的相关费用以及康复训练所需费用给予支持。

在韩国，外骨骼机器护甲也取得了革命性的研究成果。2020 年 6 月，韩国科学技术院公开了机械工程系孔景哲教授和延世大学西富兰斯医院罗东旭教授共同研发的下身麻痹患者辅助外骨骼——"Walk On Suit 4"。由于搭载了电机，因此下半身完全无力的患者也可以在没有帮助的情况下行走。不单是站立和行走，患者还可以应对楼梯和斜坡等日常生活中经常碰到的障碍。

挑战人类极限——半机械人

外骨骼机器的开发为残疾人提供了另一种挑战的机会，最具代表性的就是"半机械人奥运会"。该活动是由有人造人之意的"Cyborg"和有比赛之意的"Athlon"二者的合成词，是由瑞士国家机器人能力研究中心（National Centre of Competence in Research Robotics）主办的国际赛事。参加比赛的选手们虽然部分身体功能存在缺陷，但通过使用外骨骼等生物工程辅助装置可以克服这些不足，并且能在比赛中凸显装备的优越性、选手的控制力和选手的坚强意志等。

2016 年瑞士举行了第一届赛事。当时由韩国科学技术院教授孔景哲和选手金炳旭组成的“SG Mechatronics”团队在决赛中仅次于德国的“Rewalk”团队和美国的“IHMC”团队，荣获季军。

在“2020 半机械人奥运会”上，参加穿戴式机器人项目的金炳旭选手获得了冠军，一起参赛的李珠贤选手获得了季军。

用 3D 打印机制造人类器官和组织的未来

3D 打印技术正在扩展到人体领域。这项技术已经跨越了打印外部形态的阶段，升级为可以制作出符合患者骨骼结构的人工骨骼，从而实现人体“复原”。在医疗领域，3D 打印的潜力相当大，尤其在脊椎融合术方面更是如此。3D 打印的脊椎套能用于治疗腰椎间盘突出，或应用到治疗不稳定脊椎的脊椎融合术之中。脊椎套代替了变形或受损的椎间盘，使脊椎变得整齐、稳定，从而减小压力。

如果采用这种技术，那么身体严重受损的人也可以转动轮椅。也就是说，通过提供“移动手段”来实现患者运动。该研究对因四肢麻痹、肌肉萎缩等丧失肌肉控制力和移动能力的残疾人来说，是一个福音。再者，这种技术的优点是可以给患者带来自己站立行走的心理满足感，并使患者避免在身体无法移动的状态下衍生出其他并发症。

不久前，位于澳大利亚悉尼的新南威尔士大学研发出了使用陶瓷材料、通过3D打印技术精准制造活骨组织的技术。在以往的治疗中，骨组织是在患者身体外部培育的，但新南威尔士大学的这项技术可以让医生在外科手术中根据需要精准地制造新的骨组织。这种可以在人体内部使用的3D打印技术给需要更换骨骼的外伤患者及癌症患者带来了希望，也减轻了疼痛、缩短了恢复期。

如果可以利用3D打印技术来制造人工器官，那么与此相关的生物工程领域也将得到共同发展。UNYQ公司正在为残疾人制作手臂和腿，Ekso Bionics正在研制帮助残疾人重新行走的机器外骨骼。

今后5～10年，替代我们部分肢体或器官的产业将会得到快速发展，人类不会拒绝这一趋势。而且，那些人造的器官将比我们与生俱来的器官更为优质。与此同时，未来还可以打印出一种生物传感器，用以监测肝脏或心脏健康状态并持续进行数据报告。

这些研究目前正在进行，未来这些技术都将得到普及，并成为我们生活的一部分。如此一来，人类就可以摆脱身体残疾带来的制约和痛苦。

赛博格与数字孪生
与机器融合，或进入虚拟以化身而活

人类的降生和死亡被认为是千古不变的真理。但是，死亡作为自然法则与人类宿命，难道真的不可避免吗？随着科学技术的发展，人类对永生的夙愿有望实现。

数字孪生与机械人

2021 年 8 月，“SBS 特别节目”以“不朽的时代”为主题，讲述了机械人和数字孪生。主人公就是英国机器人科学家、渐冻症患者彼得·斯科特 - 摩根（Peter Scott-Morgan）博士。他自从患上渐冻症，便决定以不同的方式延长自己的生命。他正在制作与自己一模一样的网络化身，同时也在准备以机械人的身份重生。他曾兴奋地说：“为了超越人类的极限，我决定做实验的小白鼠。”

首先，为了成为机械人，需要用机器替换因衰弱而无法正常工作的脏器。从食物摄取到排泄，人机交互开始运转。不仅如此，彼得·斯科特 - 摩根正在为自己的永生而制作数字孪生，数字孪生要想与真人一模一样，其关键在于要输入尽可能多的数据。因此，他正致力于将自己的表情、肌肉运动、声音、语言尽可能全面地输入机器中。最近，他的声带肌肉开始变僵硬，无法发出声音。因此，他开始以瞳孔信号移动键盘的方式进行语言输入工作。

为斯蒂芬·霍金研制沟通程序的拉玛·纳赫曼（Lama Nachman）博士也加入了该项目，纳赫曼博士的目标是让虚拟人“彼得 2.0”像真正的彼得一样说话。该程序装载了人工智能，所以不仅会输出录入的信息，而且随着深度学习和反复学习，虚拟人就越接近现实中的彼得。如果这个阶段得到高度强化，就会达到与实际彼得难以区分的水平。

如此一来，疑问也随之产生：谁是真正的彼得？谁是人造的彼得？通过与机器结合而获得永生的梦想真的能实现吗？针对这些问题，当然众说纷纭，但彼得本人相信梦想会实现。他说：“因为系统内的‘彼得 2.0’会不断成长并与世界沟通，他对死亡没有恐惧，所以算是实现了永生。”

被数字化而存在的人类是否是永恒的生命？想必我们心中各有答案。

首位赛博格艺术家，尼尔·哈比森

头上植有天线的赛博格艺术家尼尔·哈比森（Neil Harbisson）患有先天性全色盲，他看到的所有事物都是黑白的。从诞生之日起他就看不到色彩，为了克服这一困难，人们为他移植了天线。2004 年，哈比森移植了“眼博客”（Eyeborg）——也称为第 3 只眼睛，自那时起，他就被公认为全球首位机器人艺术家。

对于哈比森来说，遇到人工大脑工程师亚当·蒙坦顿（Adam Montandon）是他人生中的一个巨大转折点。因为这次相遇，他被移植了可以分辨颜色的设备，从而成为半机械人。据说，从接受在身体上移植天线这项极具挑战性的手术，到熟悉新的输入系统，需要超过 2 个月的时间。其原理简单来说就是，天线识别颜色后，移植到后脑的芯片会将其转换成固有频率，于是颜色就会转为声音。目前哈比森可以听到超过 300 种颜色的声音，不知不觉间，他也将天线当成是自己身体的一部分或一个器官。

科学技术将黑白的世界变为彩色，虽然获得了新的感觉，但也有不便之处。比如，他每隔 4 ~ 5 小时就要充电，有时还会出现头痛或牙痛等症状。又比如，有些人不愿意看到他佩戴天线的样子。而且英国有规定，护照上的照片不能出现天线，因此他正在与这一规定做抗争。

尽管如此，尼尔·哈比森还是满足于以半机械人的身份生活。他说："我为自己是尖端科技的一部分而感到自豪。得益于此，我摆脱了对于疾病和死亡的恐惧。"他的理由是，科技越发展，自己也会越超前。

BCI 的未来，人类与机器的结合成为可能

利用人工机器可以改善身体机能，相应地，通过大脑也可以控制人工器官。另外，还有一项技术，即在大脑移植小型芯片后，向身体上的电极装置发送信号，就能够代替受损的脊髓神经发挥作用。

Neuralink 的目标是在短期内运用芯片来治疗脑疾病及其他疾病，但埃隆·马斯克的设想更加远大。他认为，从长远来看，希望超越"人类与人工智能共生"的概念，将应用领域扩大到"概念性心灵感应"（Conceptual Telepathy），即不借助话语和文字，仅利用电子信号的互换，就能像心灵感应一样分享彼此的想法。马斯克说："在未来，你可以储存和再生记忆，可以在新的身体或机器人上下载记忆。"他还设想了在电脑上储存并播放自己的记忆、将自己的意识植入机器人的技术。

Neuralink 的优点是，因为在头骨上钻洞并插入了小硬币大小的芯片，所以脑波解析的准确度很高。然而，它也存在缺点。因为植入芯片需要打开头骨，所以需要做外科手术，故而实施的门槛很高。为了解决这一难题，他们研发出了使该手术更安全、更便捷的移植手术机器人。正如他们所说，如果移植像接受激光手术一样简单，BCI 芯片移植手术就会变得更容易、更简便、更安全，人类大脑与机器直接沟通也就不只是想象中的事情了。

但是最近 Synchron 比 Neuralink 更超前一步，从"美国食品药品

监督管理局”（Food and Drug Administration，简称 FDA）获得了以人为对象的临床试验许可。Synchron 计划于 2021 年末在纽约西奈山医院以 6 名重症麻痹患者为对象，开展具有安全性和有效性的临床试验。Synchron 的目标是在人的脑血管中移植名为“Stentrode”的装置，使瘫痪的病人能够用自己的想法操作电脑光标等数字设备。为实现这一目标，人们将把比火柴还小的装置插入颈部静脉，然后推送到大脑皮质下，用以感知大脑信号并向电脑传输信号。

该装置将大脑的运动指令转换成电信号进行传送，接收器代替断裂的神经传送命令，以此来帮助肢体移动。该装置的优点与其他 BCI 不同，它无须进行脑部手术，而像心脏搭桥手术一样，是一种将装置植入脑血管的微创手术，两小时即可完成。Synchron 已经在澳大利亚以 4 名麻痹症患者为对象进行了临床试验。据报道，参加实验的患者可以利用操纵电脑光标的视线追踪装置和移植装置来操控 Windows 10 系统。

BCI的发展
将心灵与精神存入电脑

雷蒙德·库兹韦尔预言：“到 2045 年，人工智能超越地球上所有人类智力总和的拐点——奇点将会到来。”截至 2021 年，他对未来提出的 147 个预测中，已有 126 个应验。他提出的 2045 年的预言内容包括随着纳米工程、机器人工程、生命工程的发展，人类将享受永生，并出现高度发达的超人工智能。如果这种发展不断进行，人类大脑和人工智能的大脑融为一体的临界点即将到来。假如人工智能和人的大脑可以相互融合，那么人工智能也可以连接心灵。

把心灵上传至电脑会发生什么呢？

电影《超验骇客》（*Transcendence*）中有一个场面是一位科学家向超级计算机的人工智能上传自己的智慧和心灵。科学家威尔与超人工智能相结合，从而获得了可以随意调整世界的巨大力量，他开始连接网络，将自己的领域扩大到全世界。他将超纳米机器释放到空气、雨水、地面，从而获得监视、操纵、支配全世界的威力。

如今，电影里的想象与诉求正在逐步成为现实。人的大脑或身体死亡后，可以将心中的信息转存到数字储存器上。我们的心不再是无形的，而是以硬盘、USB或云端文件的形式存在。

雷蒙德·库兹韦尔博士在著作《心灵的诞生》中表示，人工智能将拥有曾一度被视为人类独有的“心灵”或“意识”。也就是说，机械算法将拥有人类大脑解决问题的能力。人类解决问题的能力、意识、心灵都是以大脑活动为基础的，如果该技术得到发展，那么机器也可以将人的心灵展现出来。如果人的大脑和云人工智能可以无线连接，那么人类的智力将增加10亿倍。作者的核心观点是，基于开放源代码和大数据的人工智能技术将不断发展，最终拥有人类心灵。

实际上，将人的意识上传到电脑上的人脑模拟实验是全球关注的领域，且这项实验已经在美国开始了。美国一家名为Nectome的公司找到了将人的大脑中的记忆或意识上传到电脑并存储的方法。其逻辑是，先利用最尖端的防腐处理技术冷冻保存大脑，之后将大脑中的意识数字化并复活。这不是让冷冻保存的大脑苏醒，而是将意识或记忆转化为数字数据上传到电脑上。

意识被上传后，我们的意识会发生什么还不得而知。人的意识在 USB 中以数据的形式存在，这可能会让人觉得是疯狂之举。但是，我们的意识是否应该只依赖于生物学物质呢？神经元究竟是由蛋白质还是由信息碎片构成，这一问题或许并不那么重要。

通过 BCI 技术改变过去的经历与性格

曾经有预测，从人工智能诞生之日起至今 50 年间，人类总有一天会生活在一个全新的时代，即向脑中植入芯片，无须学习便能获取知识、接收信息的时代。能够帮助我们实现这一目标的就是 BCI。

BCI 技术是将人的大脑电场与电脑连接的人机交互装置，是融合了医学、脑神经学等生物技术和计算机工程、人工智能等信息通信技术的最尖端的科研领域。人的身体的突触（Synapse）在相互传递信号时会分泌神经递质，该物质在突触之间产生“电火花”并进行传递，这时可以在突触附近放置电极传感器来读取电场。由此脑波或脑细胞的电神经信号被读取，便可以将其中特定的模式作为输入信号来使用。

BCI 技术在研发初期，主要是为了治疗患有注意缺陷与多动障碍的儿童或患有重症身体障碍的人，因此被广泛运用于医学领域。然而最近，BCI 正与增强现实等技术相结合，造福因先天性障碍或外伤而行动不便的人，帮助他们减少活动时的不便，也正在向帮助他们更加顺畅地与人交流这一方向升级。

从 20 世纪 60 年代开始，这项研究已经进行了动物实验，最近正在积极以人为对象进行实验。电影《钢铁侠》的代言人马斯克设立的 Neuralink 公司为了能将 BCI 移植到人类身上，正在倾注心血进行研究和技术开发。如果该技术取得进一步发展，那么就可以将电脑内的信息注入脑神经细胞，来体验与众不同的虚拟现实。不仅如此，因为人的大脑在远程操控中起着传输信号的作用，正如心灵感应一样，所以仅凭意识就可以操纵机器。

如果 BCI 得到应用，它将不仅能直接连接到虚拟现实，还可以控制人的感情，以此来消除悲伤和恐惧等。其具有惊人的信息分析能力，比如每秒阅读 1 000 多本书籍、通过心灵感应与他人进行沟通、控制 AI 机器人、用心灵感应操纵连接物，甚至可以改变人的性格。

BCI 的发展正在呈现指数级增长。未来学家雷蒙德・库兹韦尔博士预测，到 2035 年，我们的大脑将顺利地连接到云端。这样一来，学习、学校、大学的意义就会发生变化。那时，人类没有必要向人类传授知识或信息，因为只要连接到云端，任何人都会比超级电脑更聪明。这样一来，教师、教授的作用将与现在截然不同，他们会转换成导师、导游、同行及协作者等角色。

BCI 的壮举，猴脑游戏实验

2021 年 4 月 9 日，BCI 领域又取得了一项壮举，Neuralink 在推特上发布了以大脑中植入电脑芯片的猴子“Pager”为对象的具有革命性意义的实验视频。这是继 2020 年 8 月公开给小猪“Gertrude”移植名为“Link0.9”的电极芯片之后取得的又一成果。该视频长 3 分 27 秒，马斯克介绍说这是“猴脑游戏实验”（Monkey Mindpong），视频中的猴子并未使用操纵杆，而是通过大脑活动，将画面中的棍子移动到自己想要的位置。

最初参与实验的 9 岁猴子学习了通过操纵杆来接打球的游戏“Pong”，之后又一边用吸管喝香蕉牛奶一边进行了游戏。马斯克解释说：“猴子利用大脑中的芯片通过心灵感应完成了电子游戏。”与此同时，他表明了在本次实验的基础上开发可以移植到人类大脑的芯片的决心。

Neuralink 将猴子玩游戏期间大脑产生的神经信息通过连有 2 000 根小电线的电脑芯片实现了数据化，并完成了大脑和操纵杆联动的模型。以此为基础，开发出了一套系统：即使猴子不使用操纵杆，仅凭大脑产生的神经信息，也可以使视频画面上的棍子发生移动。

Neuralink 正在研发一种微芯片的技术，它能够像激光手术一样简单快捷。如果机器人外科医生上阵的话，预计手术时长会大大缩短，并且不需要麻醉。如果神经元芯片在人类大脑中也能正常运转，就可以治疗因阿尔茨海默病或脊椎损伤导致视觉、听觉、触觉等感觉麻痹的患者，进而有效地帮助患有退行性疾病的患者重新找回知觉。这种芯片可将收集到的脑电波信号无线传输至最远 10 米的距离。

只有硬币大小的 Neuralink 是由 1 000 个以上的电极组成的脑移植装置，它收集脑细胞的信号，通过无线传送数据，与云服务器连接，便可以应用于从人工手臂到无人汽车的自动操纵装置、存储器存档服务等领域。从目前的趋势看，Neuralink 薄而软的电极和插入该电极所需的焊接机器人可以成为终极的“大脑—信息通信”频道。但是，Neuralink 的目标是要超越这一阶段，达到能够读懂人的想法、用脑波进行沟通的水平。

冷冻人
挑战永生，冷冻后再生

2018 年 2 月，韩国一名 50 多岁的男子冷冻了因白血病去世的 80 多岁的母亲，一时成为热门话题。这名男子是韩国冷冻人 1 号申请者。他说：“坐救护车时，母亲挣扎得身体都抖动了起来。”他还表示，自己和母亲生活了很长时间，这是第一次见到这种情形。父亲去世 6 个月后，母亲的离世让他感到非常痛苦，因此决定将母亲冷冻保存。

他委托的是研究解冻技术的俄罗斯人体冷冻企业“KrioRus”。他的母亲在去世后进行了初次冷冻处理，然后被送往设有冷冻保存罐的莫斯科。据了解，此次冷冻保存期限为 100 年。

想要被冷冻保存的人逐渐增多

此前，人体冷冻一直被当作科幻电影的常见素材，如今已不是电影中的想象。因为如今兴起了大量冷冻人公司，相关技术也在迅速发展。事实上，冷冻人的历史已超过 50 年。最早的冷冻人是美国加利福尼亚大学的心理学教授、生物冷冻学财团创始人詹姆斯·海勒姆·贝德福德（James Hiram Bedford），于 1967 年被冷冻。因肾癌死亡的贝德福德目前正沉睡在美国亚利桑那州的一家专门从事人体冷冻的企业——阿尔科尔生命延长基金会。

保存冷冻人的代表性企业有美国的阿尔科尔生命延长财团、人体冷冻研究所、俄罗斯的 KrioRus 等。目前全球有多少冷冻人呢？美国阿尔科尔生命延长财团、人体冷冻研究所等虽然没有公开准确的数字，但据推测，全世界约有 600 人被冷冻保存了下来。

最近，希望被冷冻保存的人数正在增多。韩国近期也出现了第二位冷冻人。这是第一个以注入冻结保存液的方式进行冷冻的案例，江南医疗中心负责了韩国国内首次注入冻结保存液的任务。拥有生物冷冻技术的企业 KrioAsia 表示，委托人为 50 多岁的男性，冷冻保存的是因胆道癌去世的妻子。KrioAsia 目前制作了安置尸体的直立型冷冻保存腔体，将尸体放入用液氮冷却的设备中，温度保持在零下 196 摄氏度，冷冻保存期限最长为 100 年。

冷冻人中，有很多政治家、企业家、艺人等知名人士。此外，雷蒙德·库兹韦尔、约翰·亨利·威廉姆斯、泰德·威廉姆斯、迪克·克莱尔·琼斯、赛斯·麦克法兰、拉里·金、西蒙·考威尔、帕里斯·希尔顿、布兰妮·斯皮尔斯等名人也都希望被冷冻保存。

目前的冷冻人保存技术并不完备。因为它的应用对象不是活人，而是逝者的身体。纵观冷冻人，主要以患有癌症等不治之症或过早死亡或因重大事故而遭受永久性身体损伤的人为主。有些只能保存头部或大脑，有些则只保存身体。

根据各企业情况的不同，冷冻人的保存也有所不同。简单地概括冷冻流程就是，在宣布死亡后，为了防止血液凝固和脑损伤，注射抗凝固剂、活性氧去除剂、镇静剂等药物，启动人工肺等生命循环系统，即在死亡后24小时内抽出体内的所有血液，注入血液替代品（保存液）后，进行急速冷冻。人的大脑在死亡30秒后功能就开始退化，因此处理冷冻人时，迅速冷冻至关重要。

全面冷冻人体的技术在数十年间经过著名科学杂志的验证，已经实现商业化。但问题是，解冻技术目前还不完善。事实上，快速解冻并不是不可能的事情。在理论上已经证实，将卵子、精子、细菌、皮肤细胞等单一细胞冷冻后，再度复活也是完全有可能的事情。目前，全世界正在进行多方面研究，据学术界预测，到2040年左右，复活被冷冻保存的大脑，或将其移植到人工身体的设想有望实现。只是，重新激活大脑记忆成了最棘手的问题。

违背生死规律的选择

想以健康的面貌永生或许是人类的本能，如埃及的木乃伊和梦想长生不老的秦始皇。这一直被认为是无法实现的梦想，亦或是虚幻的欲望，但说不定哪天就会成为现实。目前，我们只需要成功研发出冷冻人的解冻技术。

对于选择冷冻的群体，也有人批评他们在违背生与死的自然规律。联合国未来论坛的何塞·克德罗（Jose Cordeiro）在西班牙成立了“人体冷冻保存协会”，但是却遭到了宗教人士的反对。与此同时，他还要面对政府法律和制度的反对。阿尔科尔生命延长基金会会长马克斯·摩尔（Max More）表示：“尽管如此，人体冷冻保存技术仍将继续发展，并传播到全世界。”

5～10 年后，人们对人体冷冻的看法很有可能与现在截然不同。目前，人体冷冻的费用较高，但如果技术进一步发展，需求量增加，费用也会逐步下降到可以实行商业化的水平。我们离健康长寿的元智人时代不远了。

粮食革命，烹饪的进化
为了健康长寿的最强饮食

首尔的汉堡王、麦当劳、乐天利等大部分汉堡店都在销售由发酵肉制成的“不可能汉堡”（Impossible Burger）、“超越汉堡”（Beyond Burger）等。值得一提的是，因朝韩非军事区的野猪感染非洲猪瘟等病毒，几乎每年养猪场都要对猪进行大规模的灭杀处理，情况十分不乐观。此外，由于候鸟栖息地扩散出来的禽流感，人们已经对鸡鸭进行了 20 多年的大规模灭杀处理。目前，不仅很难找到可以灭杀填埋的场地，而且反复灭杀会给农户带来巨大的痛苦。

政府最终开始向从事畜牧业的农户提供人造培养肉、发酵肉等新兴产业的财政补助，作为解决这些问题的对策。如同荷兰等欧洲国家一样，韩国畜产农户急剧减少。随着发酵牛奶大受欢迎，无菌牛奶开始出现，这类牛奶在常温下也能保存 2～3 周，很多人像喝水一样，随身携带着这种牛奶。尽管“完美日”（Perfect Day）牛奶牛奶进入了韩国市场，但国产发酵牛奶的人气更高。这虽然是设想的故事，但

也许是不久后我们将迎来的景观。

通过细胞培养制造肉类的粮食革命时代

美国新技术研究所 RethinkX 的共同创始人兼斯坦福大学前教授托尼・塞巴表示："以 2030 年为分界点，食品领域也将迎来大变革。"他曾在报告《对气候变化的再思考》中强调通过粮食革命来减少温室气体排放量。

针对上述变化，近期 RethinkX 发表的《重新思考食品和农业 2020—2030》报告书预测，2030 年畜产农户将消失。那么，用什么来代替肉类供应呢？其方案是用细胞培养、精密发酵等新技术来生产肉类或粮食。目前，代替精密发酵和细胞农业等畜牧业的技术已经投入到研发当中。比现有方式更具伦理、更环保、更加可持续的蛋白质生产系统即将建立。

作为细胞培养肉（Cell-based meat）研发领域的领头羊，荷兰畜产农户已经开始出现变化。细胞培养肉不是直接饲养或屠宰的家畜，而是在实验室提取动物的干细胞后培养生产的肉类。因此也被称为"实验室肉"或"净肉"。由于通过实验室培育肉类，所以能够减少约 90% 以上的用水、土地使用面积以及能源消耗。

据联合国粮食及农业组织（Food and Agriculture Organization of the United Nations）调查，全世界温室气体排放量的 14.5% 来自家畜。由此，工业式的畜牧业至今已排放了 30 亿吨二氧化碳，这也是导致地球变暖的原因之一。培养肉技术是一项可以解决地球长期以来温室问题的对策，因此作为未来的科技而备受人们关注。据环境咨询机构

CE Delft 透露，细胞培养肉比传统肉类生产对地球变暖的影响减少 92%、空气污染减少 93%、土地占用减少 95%、用水减少 78%。

要想让消费者购买细胞培养肉，这种肉类就必须在价格方面显现出优势。有研究结果表明，如果存在每年可以生产 1 万吨培养肉的大规模生产设施，那么培养肉能够以每磅 2.57 美元的价格买到。也就是说，如果培育成规模，那么低价吃到培养肉的时代即将到来。传统的食品企业最终也只能将细胞培养肉类产品纳入生产线，泰森食品、阿彻丹尼尔斯米德兰、嘉吉、圃美多、米勒集团已经向细胞培养企业进行了投资。

3D 打印机制作的食物味道如何呢?

根据个人体质、营养状态、饮食偏好进行的“3D 食品打印”也很受欢迎，各类专卖店层出不穷。不久的将来，打印食物的家用 3D 打印机也将得到普及，因此可以更方便、更高效地吃到适合个人健康状况的食物。这都是我们迟早要迎接的食材和饮食变化。

利用 3D 打印机制作食品的技术早在 10 多年前就已经出现了，目前还在不断发展中。除了制作烤箱或锅等烹饪工具外，该技术还可以通过打印食物来替代厨师的角色。它的原理就像制作玩具或厨具一样，在“墨盒”中放入制作食物的原材料，像打印喷嘴印刷一样堆砌面团层，待成形后，就能制作出想要的食物。目前，这项技术已经达到了制作意大利面、寿司、牛排、比萨等多种食物的水平。

英国餐厅 Food Ink 用 3D 打印所有食物并取得了成功，食客的味蕾和趣味都得到了满足。西班牙公司 Novameat 利用植物蛋白质成功

3D 打印出了牛排。在中国，人们也用 3D 打印机制作出了月饼来庆祝中秋节。日本的黄油专业品牌“Canoble”利用 3D 打印机成功制作出了比现有黄油味道更加丰富的黄油。另外，美国创业公司 BeeHex 还生产了可以根据个人喜好对比萨的大小、形态、配料、卡路里等进行个性化设置的 3D 打印机。利用这种设备，打印一份想要的比萨只需要一分钟。

私人定制的营养供给食物即将问世

除此之外，3D 打印食物的另一个优点是可以提供最适合个人的食物。“如果家庭中开始使用食品打印机，那么我们在需要的时候就可以得到食物，能够及时提供给每个人最需要的蛋白质、碳水化合物、维生素、微量元素等。”3D Systems 的首席执行官 Avi Reichental 如是说。他还解释道，对于孩子、老人、患者、特殊体质等营养不足的人群来说，这项技术意义非凡。

2012 年，荷兰、丹麦、意大利、奥地利、德国与 14 家企业携手，开启了量身定制的项目——“PERFORMANCE”（Personalized Food for the Nutrition of Elderly Consumers）。该项目的目标是，不仅要用 3D 打印机制作食物的形状，而且质感也力求相似，并且能通过收集相关数据，可有针对性地添加每个人所需的营养元素。

事实上，3D 打印食品的出发点是 NASA 制作的航天食品。为了方便食用和保存，航天食品以管状或冻干的形式制成。这种技术正在被应用于粮食革命。将所有食品在相当低的温度下研磨成小颗粒后，利用 3D 打印机的一种微型分配器，便可以制成具有三维结构的食物。

通过这种方式，将 2 种以上的食材混合并制作成型，钙和蛋白质等营养成分均衡的食品就问世了。

梨花女子大学教授李镇圭的研究团队正在进行改变饮食细胞结构、体现口感和味道的研究。早在 2018 年，他们就成功利用 3D 打印机研制出了可以调节个人口感和人体吸收的食物微观结构生成平台。在那之前，人们利用 3D 打印机制作食物时主要使用具有黏性的面团。他们并没有止步于此，而是在进行新的研究尝试，以期利用 3D 打印机制造出理想的口感。

3D 打印食品可以杜绝浪费，因此在环境保护方面也备受关注。到下个阶段，3D 打印机将应用于药学领域。比如通过分析个人基因来打印定制型药品，并且根据患者的特定需求，将药品“个性化”，以此来增加其功效。

老龄化住宅
一日速成，无门槛的3D打印住宅

巨型机械臂在碎石地上喷洒着“墨水”，建筑物便开始层层堆积起来。美国设计公司“AI 太空工厂”（AI SpaceFactory）开始利用 3D 打印机制作房屋，打印机挥舞着机械臂，将墨水堆积成圆形，并自行安装窗户的钢架。施工现场没有参与建设或运送建材的人力，工作人员仅通过监视器检查情况、监督建设现场。大概过了 30 分钟的样子，一座长形坛状房屋就在不知不觉中完工了。房子的名字是“玛莎”，

是专供宇航员在月球和火星上生活的“宇航员住宅”。

3D 打印建筑改变居住文化和城市

AI 太空工厂建造了名为“玛莎”的圆筒建筑。此过程利用了从玄武岩组织和植物淀粉中提取的生物塑料，将可再利用的材料加热到 350 华氏度以上，短短 5 分钟内便完成了生物塑料的硬化。宇航员住宅就是以这种方式建造出来的。

3D 打印技术已经被全面利用，建筑业当然也不例外。并且，这一技术已经开始显现出其巨大的影响力。目前的 3D 打印建筑是指 3D 打印设计图后，将其组装起来建造房屋。最初，人们把塑料作为主要材料使用，但最近开始使用混凝土等材料，关于生物材料等新材料的研究也在积极进行中。如果用 3D 打印机来建造房屋，建筑物的外观和环境也会受到影响。一旦该技术与机器人产业联合而产生协同效应，就可以建造高楼大厦或复杂的建筑物。

目前，大部分的建筑材料是树木、混凝土、玻璃和钢材。3D 打印建筑将会引进全新的材料，也会使用更厚的混凝土和能够自行支撑建筑物的合成混合材料等。这些新材料的多样化对设计也会产生影响。当前，使用混凝土对建筑物进行 3D 打印的“轮廓工艺”（Contour Crafting）还未受到太大关注，但新一代的轮廓工艺将会发挥超越打印建筑的作用。

这种可以使用各种材料的机器能够将电线和管道打印在墙体内侧，将洗碗池或家具打印后放置在厨房，在卫生间放置马桶和洗漱台。住户将没有理由再执着于墙面的平整，所有墙壁都可以进行艺术装饰。得益于轮廓工艺的无限潜力，我们居住的公寓、别墅、办公室等在面貌和概念上必然会大不相同，因为现有建筑方法无法实现的自由形态成为可能。

实际上，美国建设公司 Icon 与 3Strands 合作，以 3D 打印方式在奥斯汀地区建造了 4 栋多层建筑，并于 2021 年首次在美国住宅市场出售 3D 打印住宅。3D 打印住宅由兼具耐火性和耐水性的优良石制复合材料制成，价格比普通住宅便宜 45%。另外，它还可以提供太阳能和电池，所以能源利用率也很高。

3D 打印住宅具有的诸多优点是现有建筑工程无法比拟的。首先，3D 打印住宅的建造费低廉。它能够大幅缩短工期，减少人力、建筑材料、废弃物等，而且几乎不需要人工费。由于建造时间缩短，承建方可以快速向购房者交付住宅。3D 打印住宅的工期不到一周，可以随心所欲地使用环保材料，同时明显减少事故伤亡等，具有诸多值得肯定的方面。

当然，3D 打印住宅要实现商业化还需要一段时间。据悉，目前由于初期投资费用较高，市面上的住宅建设用 3D 打印机价格超过了 100 万美元。另外，目前的 3D 打印技术水平只能将其应用在住宅的骨架和外墙建造上，至于窗户、电线、管道、钢筋等，需要另行制造再单独安装进去。3D 打印建筑的准确认证、安全标准、规定等方面的欠缺也是亟待解决的问题。特别是在美国和欧洲，由于人们喜欢木质结构的住宅，当地人对主要材料转换为混凝土一事多少有些抗拒。并且，大批建筑工人失业也将带来社会负担。对此，当务之急便是尽快制定解决这些问题的明智高效的对策。

3D 打印建筑使居住文化和城市得到革新

如果 3D 打印建筑持续增多，下一个阶段就是城市规划。洛杉矶是运用智能技术的代表性城市，因为街道的路灯与照明均以无线连接，所以可以随时了解需要修理的路灯，也可以及时掌握变更信号灯等紧急状况。

不仅如此，洛杉矶计划通过数字生态系统，在无线连接的租赁公寓中引进 3D 建筑。这些大厦内部将先施工智能温度调节装置、声控型保安装置、具备环绕声的 UHD 电视等有助于人类实现便利生活的高科技产品。

针对老龄人口的 3D 打印住宅

在老龄化日趋严重的今天，3D 打印住宅的未来一片光明。首先，能够以低廉的成本和短时工期建造简单的房子，这是相当有吸引力的。老年人与年轻人相比，行动缓慢或迟钝，并且由于健康原因，经常会依赖轮椅。在这种情况下，就需要没有门槛，只用平地结构建造的住宅。

对于老年人来说，每层楼间的楼梯、从玄关到院子的门槛都成为出行的一大障碍。总之，结构复杂的房子给老年人带来了诸多不便。而这种没有楼梯、外部和内部用平地连接的房子使用 3D 打印技术很容易实现。另外，为了方便移动轮椅或特护床，将简易住宅内部设计成了没有房门的开放式结构。与目前结构复杂的房子相比，3D 打印的简易住宅在各个方面都更适合老年人。

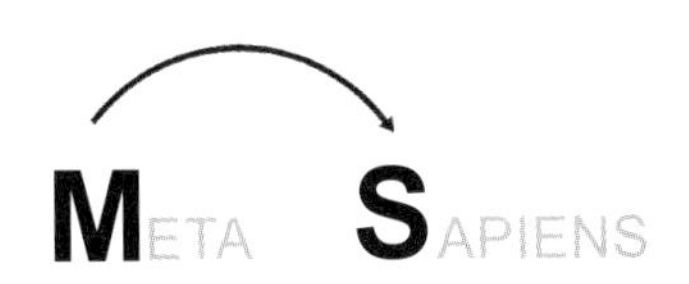

第五章

危机地球，何以生存？

2035 年 7 月，职场人金润锡选择了釜山作为度假目的地。由于超级高铁的开通，从首尔到釜山只需 16 分钟。社交网络上充斥着大量酒过三巡后去釜山吃猪肉汤饭解酒的打卡照。

乘坐韩国航班和高铁出行的人数骤减。除超级高铁的影响外，各种飞行汽车的出现也彻底改变了以往的交通体制。在首尔上空，现代汽车公司研发的飞行汽车畅通无阻，韩华航空航天公司和美国 Overair 公司合作开发的飞行出租车也开始运行。

无人机配送在城区得到普及，食物可以通过无人机送达，道路上外卖骑手的数量也大幅减少。而在疾驰的车内，也是 10 多年前无法想象的场景：职场人在车里开视频会议或者吃早餐，计划去度假的全家老少边看电影边向目的地行驶，网红主播们在车内直播……在未来，这样的场景将成为我们的日常。当前，全球的企业正致力于减少碳排放，这虽然加速了现有能源向可再生能源转型的进程，也给交通出行带来了革命性的改变，但是气候危机依然威胁着地球：高温、暴雨、山火，以及随着冰山融化和海平面上升而逐渐被淹没的沿海城市……拯救危机地球，迫在眉睫。

航天运载火箭技术
火箭运输，地球村内1小时送达

现在人们可以在 1 小时内抵达地球村的任何一个地方。人们可以摆脱国别或者国境线的限制，去世界各地寻找工作，不停地迁徙。旅行时间的缩短也意味着交通和运输产生的碳排放量将会大幅减少，这将对气候产生积极的影响。以前，满载进出口货物的船舶在海上航行数周甚至数月，产生大量的海洋污染，而如今这样的场景也将一去不复返，这些改变都是拯救危机地球的有效途径。

2021 年，美国四大航空公司之一的美国联合航空公司购入了 15 架超音速飞机“overture”。上千家移动出行企业计划运营无人出租车、出租飞机、无人飞机等交通工具。纽约初创飞行公司 Kelekona 宣布将打造可载客 40 人的空中巴士，并在 2024 年进行试飞。空中巴士的第一条飞行路线是从纽约曼哈顿岛到汉普顿，飞行时间为 30 分钟，费用是 85 美元，这接近普通火车票的价格。

但是，将给世界带来最大改变的技术当属 Venus Aerospace 公司研发的出租飞机了。出租飞机采用火箭发射方式，无须跑道，能在 1 小时之内从首尔抵达纽约和巴黎，甚至是非洲。Venus Aerospace 公司计划在 2029 年正式投入使用出租飞机。目前，致力于研发高超音速航天飞机的公司并非只有 Venus Aerospace 一家。

火箭运输雄心勃勃的计划：更快、更安全

美国空军计划通过火箭或其衍生产品，在1小时内将相当于C-17运输机最大载重的货物运送到世界任何地方。事实上，数年之前美国已经着手研发“火箭运输”。“火箭运输”作为美国运输司令部和太空军、空军研究所的研究项目，目的是实现包括点对点太空旅行在内的亚轨道太空飞行火箭货物运输。

为了建设上述新运输体系，美国空军向国会提交了长达462页的研究计划测试评价预算申请书和4 790万美元的预算申请。美国空军对火箭运输的预算每年都在增长。美国的火箭运输项目筹划于2020年，2021年正式宣布启动，同时在“2022年财政年度”申请财政拨款。值得注意的一件事是，美军从阿富汗撤军一周后，喀布尔便被占领。可见，超短期的战争已经成为现实，这也说明现代战争中物资运输速度过慢带来诸多弊端。通过这些（行动），美军再次强调了通过火箭将战争物资在1小时之内送达目的地的火箭运输系统的重要性。

这也和之前美军官员提出的概念一致。2020年10月，美国陆军运输司令部司令官史蒂芬·里昂斯曾经暗示过这样的可能性：这种补给方式在不到1小时的时间内能够将相当于C-17运输机的有效载荷（客机能够承载的乘客、货物重量的总和）运输到地球上的任何地点。美国空军的官方资料显示，C-17 Globemaster Ⅲ的最大装载容量约为82吨。

当时，里昂斯在公布和SpaceX、XArc（Exploration Architecture Corporation）合作的同时，也将这一概念具体化。SpaceX是开发可重复使用火箭的先驱者，XArc是一家提供太空相关设计服务的咨询公司。

美军 2021 年的主要计划是运用建模、模拟的方法来分析火箭运输的概念、轨迹和设计注意事项，检验军事公共设施，验证性能及运营费用。此外，空军将实地测试初期单向运输能力，以及为了完全厘清技术层面所涉及的问题，还将实施初期终端间的测试。火箭运输有其独有的运作概念：SpaceX 公司的星船系统是现有技术完成度最高的大型太空发射体系统，因此，火箭运输把与 SpaceX 星船类似的、可重复使用的火箭助推器在太空或大气中以极高的飞行高度发射到前方，然后，令其在指定区域着陆，最后，再次进行装载之后发射回出发地点。

火箭运输项目需要克服的难题

美国空军宣称，将通过火箭运输项目来分析并解决火箭运输中最重要的问题，如大型火箭的新轨道和飞行方式、野外着陆能力，用于空运物资的注塑胶囊的设计和实验等都需要更加深入细致的探讨。但是，最核心的问题是经费，这是无法回避的。

若使用 SpaceX 可重复利用的猎鹰 9 号火箭，总发射费用约为 6 200 万美元，如果使用重型猎鹰火箭的话，费用将达到约 9 000 万美元。这些数值比把所有的 C-17 运往全球任何一个地点时产生的费用还要高。并且，只有围绕火箭运输基本运营以及其他方面的一些实际问题得到解决，在 1 小时内将货物送抵全球任何一个地点的运输方式才能具有优势。火箭运输在任务间隙，也可以执行一些像迅速加强海外设施、保护遭受攻击的美国大使馆等其他任务，但这能否成为开

发和应用火箭运输所需费用的合理化理由，尚不得而知。

如前文所述，这并非美军首次提出这一项目。在 21 世纪初，美国国防部国家太空安全局和美国海军曾在其“小分队太空运输和嵌入载人”（Small Unit Space Transport and Insertion）计划中提及火箭运输系统，并在当时指出到 2010 年末有实行的可能性，遗憾的是这一构想并没有实现。

但由 Space X 开发的可重复使用的航天运载火箭技术，要优于以往项目，将对火箭货运的成功起到核心作用。

移动出行革命
1小时连接世界的时代即将来临

到了 2030 年，我们已经很难在路上看到内燃机汽车了。共享电动汽车和无人驾驶汽车已经成了生活的日常。电动汽车市场以前所未有的速度发展起来，特别是随着共享无人驾驶汽车的普及，每 10 辆汽车中就有 1 辆是共享汽车。

各国政府机关人员出行全部强制乘坐无人驾驶汽车。美国国内 95% 的客运由“服务型运输系统”（Travle as a Service，简称 TaaS）承担，以往的汽车公司开始逐渐倒闭。无人驾驶汽车可以一整天载着大量乘客行驶更远的运输距离，因此，到 2030 年，美国国内道路上行驶的汽车数量将从 2020 年的 2 亿 4 700 万辆减少到 4 400 万辆。由此引发的新车需求锐减也使得汽车和货车的生产量以每年 70% 的速度急速下降。

最终，由汽车经销商、维修公司、汽车保险公司构成的汽车产业链也面临瓦解的局面。汽车制造商们要么转型生产利润低廉的无人驾驶电动汽车，要么转为共享运输服务的供应商。

上述这些现象出现在10年后关于汽车产业现况的报告书里。有预测认为，汽车产业所具有的附加值的来源将从现在的汽车产量及销售量，转变为共享所带来的使用频率、使用距离、乘客人数等。基于此，未来的移动商务将超越单纯的车辆共享，运输本身将被视为服务。到2030年，不仅是汽车，用手机应用程序呼叫自行车、飞机、机器人出租车等大部分运输手段的TaaS也将普及。像这样运输手段的急剧变化，在气候危机严重的10多年前就已经是可以预见的未来了。

汽车公司应当变身为电脑公司

“现有的整车制造企业想要在未来的移动出行市场里生存下来，应当变身为电脑公司，而不是汽车制造企业。它们应当致力于开发软件、信息处理技术和通信、人工智能技术。”

世界能源专家托尼·塞巴（Tony Seba）提出了革新性对策，即汽车业界想要在未来环境中生存，就必须要转型成为电脑公司。他在2015年出版的《能源革命2030》中就已经预测：“2030年，所有新车100%都将会是电动汽车。”

托尼·塞巴表示，如果现有的汽车公司认为电动汽车时代“仅仅是一辆单纯的内燃汽车被一辆电动汽车所取代”，那么它就没有真正理解电动汽车时代的转换。目前汽车公司面临的挑战，比汽车动力由汽油、柴油变为电力还要巨大。这是因为移动出行系统将转变为融合电动汽车、无人驾驶、订购型技术的 TaaS。在今后 10 年内，移动出行产业将成长为全世界产业中规模最大的产业。运输费用急剧减少，大部分收益将发生在“订阅”等 TaaS 商业模式上。这样一来，汽车公司若只靠设计和制造电动汽车运营的话，将不再具有竞争力。内燃机汽车的电动化和软件技术的快速扩散，无人驾驶系统每年也在优化。预计到 2030 年，移动出行产业的规模将超过金融、石油等主流产业。因此，汽车企业要想在未来移动市场中生存下去，就有必要变身为电脑公司，并开发软件、计算、通信、人工智能技术。

随着现有市场的衰败，移动出行产业的发展将决出胜利者和失败者。虽然驾驶、制造、石油、天然气行业的工作岗位会减少，相关企业将出现倒闭潮，但可再生能源企业和 TaaS 企业将会崛起，特别是无人驾驶电动汽车的批准有望获得数万亿美元的市场机会和网络效果收益。因此，现有的 TaaS 企业和新公司，为了确保市场占有率，竞争必然会更加激烈。

移动出行产业的未来，城市型航空移动出行

参加“2021 未来移动论坛”的德国杜伊斯堡 - 埃森大学客座教授费迪南德·杜登霍夫（Ferdinand Dudenhoffer）强调：“未来移动的关键词是电动汽车、数据和软件。而且，城市空中交通 UAM 项目将掀起智能手机改变世界的革新潮。”现在，移动出行产业的梦想是在空中进行革命，而非在道路上。如果 UAM 时代开启，我们也可以像科幻电影中所看到的那样，乘坐在空中飞翔的汽车。目前全世

界有 100 多个 UAM 开发项目正在进行，各国都在关注 UAM 产业。因为它与超级高铁一样，都是解决城市集中化衍生问题的有力对策。UAM 不仅可以缓解大气污染引起的气候危机和交通堵塞，还可以革命性地缩短城市人群的移动时间。据“韩国航空宇宙研究院”（Korea Aerospace Research Institute）资料显示，如果 UAM 成为现实，首尔市内的平均移动时间将比使用汽车时减少 70%。如果将此换算成社会费用，仅首尔一年就可以节省 429 亿韩元，全韩国可以节省 2 735 亿韩元。

全世界 UAM 市场发展最快的美国，从 2005 年开始设立新一代交通系统研究所，对 UAM 在制度设计方面提供支援。UAM 商用服务也很有可能会由美国的航空初创公司 Joby Aviation 最先开始。Joby Aviation 公司公布的垂直起降飞机的预想配置要领先于 Archer 航空公司，并且该公司计划在 2024 年向世界公布飞行距离为 150 英里、最高时速达 200 英里的垂直起降飞机。Joby Aviation 收购了优步的空中出租车事业部“优步电梯”，因此预计未来可以通过优步应用程序使用垂直起降飞机。

全球汽车企业和航空企业在这个领域的竞争也非常激烈。现代汽车和通用汽车，德国戴姆勒、保时捷，英国阿斯顿马丁，中国吉利，日本丰田等整车企业和波音、空中客车等航空企业也都在致力于 UAM 的开发。现代汽车集团会长郑义宣宣布：“未来事业的 30% 将放在 UAM 上。”这明确表明了把无人驾驶、机器人事业和 UAM 作为未来新增长动力的决心。

现代汽车计划在 UAM 机体开发、移动服务、城市中心航空构建等方面投资 15 亿美元，同时与优步合作，为未来的空中出租车提供

服务设计，并将开发电动飞行车辆。同时，现代汽车表示将在2025年之前实现“空中出租车”的商用化。相较于之前现代汽车与优步设定的在2028年之前共同开发空中出租车的目标，此次目标又提前了3年。通用汽车虽然比现代汽车起步晚，但在国际消费类电子产品展览会“CES 2021”上公布了凯迪拉克品牌垂直起降飞机的概念，宣布进军UAM市场。此外，跨国汽车企业菲亚特-克莱斯勒也宣布与美国垂直起降飞机开发企业Archer合作，于2021年初进军UAM市场。Archer是世界上第一个推进垂直起降飞机移动出行的企业。中国吉利收购了已经着手开发UAM的Terrafugia公司，确保了相关技术和数据；保时捷宣布将与波音合作制造高级空中出租车。像这样拥有技术的公司之间携手合作，或者技术企业和服务企业合纵连横，呈现出一同进入了无限竞争的状态。

这种革新若想给人类带来崭新的生活，就亟须构建与其相关的基础设施。比如各国放宽对UAM商用化的限制，加强安保以应对通信量的增加，确立UAM的安全标准，减少噪音等。幸运的是各国当局逐渐表现出越来越开放的态度。Joby Aviation公司在世界上首次同美国联邦航空局（Federal Aviation Administration）就飞机认证条件达成了协议。韩国也在积极推进UAM的引进。韩国国土交通部于2020年6月发表了《韩国新版城市中心航空交通路线图》，并将2025年定为空中出租车商用化的元年。

据三井KPMG经济研究院2020年的报告资料显示，预计到2030年世界UAM用户预计为1 200万人，到2050年预计将达到4.45亿人。全球投资银行摩根士丹利预测：截至2020年，UAM市场虽然只有70亿美元，但到2040年将迅速增长到14 740亿美元。这证明了移动出行行业将成为创造新工作岗位等多种附加价值的未来代表性的“铁饭碗”。成为气候危机和城市中心化问题解决方案的 UAM，如今是全世界企业绝对不能错过的先导产业。

地球太空旅行的时代即将开启

如果美国航天飞机初创公司 Venus Aerospes 正在开发的超音速航天飞机能够实现商用化，那么到 2029 年，从美国洛杉矶到日本东京只需 1 小时就足够了。美国维珍轨道公司是维珍银河公司的子公司，由其职员独立设立。该公司的目标是利用“超音速”航天飞机在 1 小时内将人们送至全世界的任何地方。

与维珍银河公司一样，该公司采用的方式也是起飞后，在高空点燃火箭，以 14 500 千米以上的时速抵达宇宙警戒线后，再着陆到目的地机场。虽然该项目目前还处于初期开发阶段，但维珍轨道公司表示，首先将使用缩小型模型进行初次试验，然后至少在 10 年后完成开发。

当然，超音速客机的研发并不是一件容易的事情，从比现有客机快 2 倍的协和式客机，到美国初创公司 Aerion 都没有成功。Aerion 曾保证用超音速飞机 Aerion Supersonic 在 3 小时内到达地球的任何一个地点，但因未能筹措到足够的资金，项目中途宣布放弃。但是随着亚轨道旅游的成功，火箭地球旅行的可能性增大，Venus Aerospace 的挑战也备受期待。如果太空飞行开发技术不是应用于地球之外，而是用于连接全球的各个城市，那么便可以实现颠覆性的创新。全世界任何地方都能在 1 小时内连接起来，国家之间的界限将逐渐消失，这

些存在于想象中的事情也许可能成为现实。如果与虚拟世界产生协同效应，那么国家、国民和公民权的概念就会消失，我们就会进入超链接、超越界限的社会。元空间将迎来全新的未来。

无人机商业
无人机产业，颠覆日常

2035 年 7 月的某个周一早晨，住在水西的黄炳俊悠然闲适，一点都不像周一早上匆匆忙忙的上班族。起床后，他用智能手机的应用程序预约了无人机出租车，目的地是公司所在的首尔市汝矣岛。然后，他开始晨练。晨练结束洗完澡后，正好吃到无人机配送的沙拉和酸奶。完成上班准备后，黄炳俊前往乘车站——“垂直升降机场”（Vertiport）。从家到车站这段路程，黄炳俊乘坐的是无人驾驶电动汽车，并且在车内浏览前一天晚上美国股市的行情。

到达车站后，黄炳俊让 AI 秘书停车，然后自己进入乘车程序区域。整个过程不需要另外的交通卡，因为通过面部识别和扫描，就能完成所有的程序。乘车之前，他还有时间可以喝一杯咖啡享受短暂的悠闲时光。乘车后，伴随空中出租车的升空，在窗边能看到逐渐明亮的天空。刚开始能感觉到车体有点晃动，但很快出租车就开始以极快的速度平稳地在麻浦大桥上飞行。他甚至连仰望天空的时间都没有，因为仅仅 3 分钟，出租车就抵达了汝矣岛。

这种上班路上的情景不再是科幻电影中的故事。无人机产业如果正式市场化，那么这样的场景将在 10 多年内成为现实。

航空公司和汽车企业加入，空中出租车的竞争无限升级

到 2030 年，利用无人驾驶汽车、无人机和电动汽车技术制造的空中出租车等将重新定义人类的出行活动，它将成为更快、更低廉的交通手段。空中出租车将彻底改变房地产、金融、保险、城市规划等行业。因为随着机器学习、传感器、材料科学、电池储存技术的发展，无人机的功能将得到进一步的提高和普及，所以这是完全有可能的事情。如果空中出租车能够市场化，还可以大幅减少交通工具的碳排放。为了实现这一革新，各国提出了以无人机技术为基础的交通工具路线图，相关企业也正在加快技术开发和市场化的步伐。其中，最具代表性的空中出租车开发企业是德国的初创企业 Volocopter。该公司的空中出租车市场化进度最快。2019 年 10 月，该公司自主开发的"Volocopter 2X"载着 2 名乘客飞到了新加坡 100 米上空，首次成功地进行了载人试飞。该公司表示，今后将在多个国家运行多轴飞行器（Multirotor）形式的电动多旋翼空中出租车（VoloCity），即拥有多个旋转翼的空中出租车。电动多旋翼空中出租车共装有 9 个电池组和 18 个转轴，因此，即使 1～2 个电池电量耗尽，也可以更换其他电池继续飞行。

Volocopter 公司电动多旋翼空中出租车的目标是进一步增加飞行时间，力争在德国、迪拜、新加坡实现商用化。此外，为了进军美国和欧洲市场，Volocopter 公司目前已经向 FAA 申请了认证。并且，该公司 2021 年 6 月在巴黎勒布尔热机场成功试飞了空中出租车，预计

到 2024 年巴黎奥运会时，将实现空中出租车的市场化。

以飞机制造商波音和空中客车公司为首，汽车制造商大众、丰田紧随其后，甚至像谷歌、优步这样的知名跨国企业也加入了空中出租车市场，展开了激烈的竞争。

欧洲飞机制造商空中客车公司于 2018 年在美国俄勒冈州进行了 53 秒的空中试飞，宣告了其在电动垂直起降飞行器研发方面的成功。该公司与 Volocopter 公司一样，也以 2024 年巴黎奥运会为目标，积极推进从机场快速抵达巴黎市区的空中出租车商用化项目。

在韩国，韩国航空宇宙研究院、现代汽车、韩华系统公司也在开发空中出租车方面展开了竞争。其中，韩华系统公司已经具备了机体开发、运行协议及基础设施设计等运营空中出租车所需的一切条件。以此为基础，韩华公司宣布与美国 Overair 公司合作研发空中出租车“蝴蝶”（Butterfly），如果在 2024 年左右完成机体建设，那么 2025 年将在韩国国内开始试运行首尔 - 金浦航线。

现代汽车北美总部表示，将在 2025 年之前实现空中出租车的商用化。之前，现代汽车曾宣布与优步合作，在 2028 年前共同研发空中出租车，现在，这一计划又提前了 3 年。同时，该公司还公布了在 2020 年把洛杉矶机场、纽约肯尼迪国际机场与市区重点区域连接起来的“空中出租车”构想，并制定了到 2025 年为止投资 15 亿美元的战略。

基于无人机的交通工具将是未来交通的主流。虽然目前还处于技术开发和投资阶段，但由于相关技术的进步和限制的放宽，预计其市场化的步伐将会越来越快。平日里远离闹市喧嚣，享受田园宁静，工作时乘坐无人机出租车到市中心上班，这就是我们未来的生活图景。

从物流到救助服务，无人机即将开启的新世界

在新冠肺炎疫情中，无人机的表现非常亮眼。中国深圳市的无人机制造企业 MMC 在上海和广州等地投入了 100 多台无人机，执行了巡查感染高危地区、喷洒杀菌剂的任务。无人机代替工作人员在高风险地区飞行，用 40 倍的变焦相机对相关区域进行 360 度的巡查，在疫情期间发挥了积极作用。如果工作人员通过无人机发现了居民在公共场所没有佩戴口罩，就用无人机上的扩音器对其进行提醒。为了防止疫情扩散，政府还利用无人机向被隔离地区发放了物资。

无人机在搜索、救助失踪者方面也能起到很大的作用。美国音响学协会的年度会议上发布了用无人机识别灾难区域求救者声音的系统。该系统利用安装在无人机上的麦克风，在灾难地区找出呼救声，并告知救援队。该系统是以遇难者请求救援、敲打墙壁、跺脚、尖叫等声音组成的数据库为基础，采用深度学习的模式分析方法构建的。

除此之外，无人机还将应用于紧急转移伤员。韩国国立蔚山科学技术院的郑延宇教授团队设计的“911$ 应急救援无人机”在世界三大设计奖之一“德国 iF 设计大奖 2020”上获得特别奖后，该团队就与无人机专门企业 Drone Dome 合作进入了救援无人机的量产阶段。该救援无人机在担架上连接了 8 个螺旋桨和有线电池组，待患者躺下后，可将担架从地面升高至 1 米左右，然后再进行移动。这种无人机无须安装自动飞行和回避障碍物功能所需的各种传感器，因此制造费用低廉。再加上救援人员可以背着电池，这样就减轻了无人机的重量，增加了滞空时间。

不久之后，无人机将在我们的日常生活中为我们配送食物和水，

并将逐渐取代快递、邮件、外卖配送人员的工作。无人机在沿着航线飞行的同时，还可以追踪库存及传送收集到的数据，从而实现库存的自动化管理，代替物流管理公司的工作。无人机快递的前景已经非常明朗。

2020 年亚马逊公司从 FAA 获得了无人机配送的许可。亚马逊可以在人口密度较低的地区通过无人机配送不超过 2.26 千克重的物品。亚马逊 prime 的会员只要在网上订购物品，就可以在 30 分钟内收到。这是继 Alphabet 的子公司 Wing、UPS 之后，FAA 第 3 次批准的无人机配送。Wing 公司从 2019 年开始，在弗吉尼亚州向居民提供配送生活必需品的无人机服务；2014 年，物流企业 UPS 投身于偏远地区无人机配送服务。

根据全球管理咨询公司麦肯锡的预测，无人机市场的规模将从 2017 年的 64 亿美元大幅增长到 2025 年的 202 亿美元。估计到 2040 年，非军事用途的无人机将承担普通消费者市场上 30% 的配送量。

最近，无人机产业的快速增长让上述预测变得可能。新冠肺炎疫情暴发后，随着非面对面服务的需求剧增，各个领域无人化、自动化趋势日趋显著，无人机的作用也更加受到关注。特别是在美国，除了农业之外，以军事为目的各个部门也在积极利用无人机。

无人机事业留给人类的课题

电影《天使陷落》（*Angel Has Fallen*）充分展现了无人机攻击的威力。对在湖中悠闲度假的美国总统执行瞬间轰炸的不是直升机，而是无人机群。低空飞行的无人机不容易被空军雷达网发现。即使被发现，也会在进行瞬间轰炸后消失，因此无法抵挡。像电影中这样数百架无人机的攻击，地面兵力和空军力量都很难阻止。因此在现代恐怖袭击中，无人机袭击的威胁最大。不光是电影，实际上世界各国都在准备将无人机投入战争中，“无人机战争”正在成为现实。

2019 年 7 月，多架未经证实的无人机袭击了美国的海军驱逐舰。2021 年 5 月，以色列允许利用无人机掌握哈马斯武装的位置信息并进行了攻击。这是在战争中使用无人机群的第一个案例。而最近，美国在伊拉克的相关设施接连遭到无人机的袭击。

无人机已经超越了恐怖袭击或侦察监视等作用，成为最好的攻击武器。世界上任何一个国家都不是无人机恐怖袭击的安全地带。武器化的无人机威胁已经成为现实，非法无人机给人们的日常生活亮起了警示灯。而随着无人机恐怖袭击和犯罪的频繁发生，探测和追踪非法无人机并使其失效的“反无人机”技术的开发就成为迫在眉睫的课题。反无人机可视为无人机界的警察，其核心是雷达技术。

美国 AI 航空防御及安保专门企业“Fortem Technologies”公司推出的“无人机猎人 F700”就是一种反无人机。该机搭载了应对敌对无人机攻击的各种程序，负责保护地面上的主要基础设施。

无人机革命性地改善了人类的交通和物流等日常生活，它无疑是一项伟大的发明。但作为一种可飞行武器，它也是威胁人类珍贵资产和生命尊严的存在。当前亟须开发一项能够追踪和控制无人机运行信息的技术，并且建立像监视和追踪飞机系统一样的、能够监控无人机的控制塔。若想使无人机技术能够为人类提供便利并且得到充分的利用，就必须在实现无人机商用化的同时，努力提高相关机构的能力和建立应对体系，以预防无人机引发的损失。

气候危机对策投资
为拯救地球最先要做的投资

“就像进入了后启示录时代。”

2021 年 7 月，北美大陆遭遇了灾难级的高温天气。位于温哥华东部的小镇利顿，最高气温达到了 50 摄氏度左右。这是 84 年来最严重的酷暑。不仅是加拿大，在美国，高温导致的死亡也层出不穷。俄勒冈州波特兰的居民们离开家前往冷气休息区。气象学家们表示“热穹顶”现象导致了这次酷暑的产生。“热穹顶”现象指的是在空气急流变弱的状态下，高气压持续停滞在特定地区，并将炎热干燥的空气封闭起来，形成半球形的现象。简单来说，就是覆盖在北美西部的热穹顶将空气急流向北推进，阻止了北方冷空气的南下。这种杀人般的炎热天气是气候变化带来的预料之中的损失。这也提醒我们，如果全世界不积极应对气候危机，那么此次北美大陆的热浪只不过是全球大灾难开始前的序幕。

气候难民，即将成为我们的未来

随着全球气候的恶化，越来越多的人可能会因为酷暑和干旱等自然灾害而不得不离开自己的家园。他们被称为“气候难民”。如今，许多欠发达国家的国民因为严重的干旱和风暴，正在经历着粮食短缺和住房困难，逐渐沦为气候难民。2020年，遭受两次超强飓风袭击的洪都拉斯、危地马拉、萨尔瓦多等中南美洲国家的众多国民纷纷向美国边境迁移。

联合国难民事务高级专员办事处（United Nations High Commission for Refugees）的2020年年度报告书显示，全世界的难民和无国籍者接近7 950万人。除了突如其来的灾难外，他们因气候变化导致的粮食和饮用水不足等原因而流离失所。海平面上升是另一个威胁。在过去的30年里，受到全球海平面上升威胁的人数从1.6亿人增加到了2.6亿人。其中90%是贫穷的发展中国家和国土面积狭小的岛国。以孟加拉国为例，预计到2050年，由于海平面上升，该国国土面积的17%将被淹没，这意味着居住在那里的2 000万人将失去家园。

澳大利亚智库“经济与和平研究所”（Institute for Economics and Peace）每年都会在分析各种世界组织的资料后，发布“生态学威胁记录簿”，主要内容是分析世界各国面临人口增加、缺水带来的粮食短缺和气候变化带来的干旱、洪水、海平面上升等威胁的程度。结果显示，到2050年为止，共有141个国家将至少面临一个以上的威胁。其中19个国家至少会面临4个以上的生态学威胁，这些国家的人口加起来接近21亿。

越来越多的国家开始采取措施应对这一问题。已经有国家开始转移遭受气候灾难的人口。比如，印度把500万人迁移到其他地区；菲律宾、孟加拉国、中国等转移了约400万人；美国转移了约90万人。

应对气候危机需要预先投资的5个项目

2012年席卷美国纽约的飓风“桑迪”造成了接近70万亿韩元的损失，其中的13%，即9万亿韩元损失是气候变化引发的海平面上升带来的。研究气候变化的科学家和媒体人士组建的研究组织——美国气候中心（Climate Central）和史蒂芬理工大学、罗格斯大学等组成共同研究团队，阐明了海平面上升的原因。据该团队介绍，在过去的100 多年里，纽约地区海平面整体上升的 55% 是因为全球变暖。海平面上升、飓风和海啸袭击了全世界数百万个海岸家园。最近迈阿密公寓坍塌事故的主要原因之一也是海平面上升。

不仅如此，气候变化导致农作物水分缺失、产量减少，使得发展中国家陷入更加严重的贫困之中。极端的气象状况对最贫穷和脆弱的人来说，是最致命的。为了减少气候灾难、应对气候危机，我们必须积极投资下面 5 个项目。

1. 早期预警系统的投资

为了应对热带风暴、干旱、洪水、热浪及山火等极端天气，需要对早期预警系统进行改善。我们可以从孟加拉国的事例中窥探到这个系统的惊人效果。1970 年，“博拉”热带风暴袭击了孟加拉湾地势低洼的国家，造成至少 30 万人死亡和巨大损失。此后，孟加拉国开始启动应对热带风暴的项目，建设了数千个避难所，投资了早期预警系统。当 2017 年热带风暴“莫拉”袭击孟加拉湾时，孟加拉国紧急疏散了数十万人，死亡人数约为十几人。这与之前相比，可以说损失规模相当小。因此，预先制订应对自然灾害的计划非常重要。如今，随着气候及天气模型的发展，我们可以制订更为具体的应对方案。

2. 应对海平面上升的基础设施投资

美国俄勒冈大学和威斯康星麦迪逊大学的研究团队警告说，到

2033年，随着海平面上升，预计美国海岸附近6 500多千米的网络电缆和1 000多处数据中心有可能会被海水淹没。问题是，地下网络电缆与海底电缆不同，并没有进行防水处理。在美国国内城市中，当属纽约、迈阿密和西雅图的情况最为危险。当然不仅仅是美国，各国在整修现有设施和设计新设施时，也应将这一问题纳入考察范围来进行网络设计。

不光是网络基础设施，数据中心的运营也要兼顾环境影响。作为第四次产业革命的主角，无人驾驶、云计算、人工智能、大数据等的实现都离不开核心基础设施数据中心的运转。但是因其巨大的耗电量，使得数据中心也成为全球变暖的主犯之一。因此，如何设计和建设可持续发展的大型数据中心，就成为相关企业的一大课题。

此外，以高能源效率为标准的住宅建设，兼顾气候变化影响的产业基础设施建设等，也有助于减少气候危机带来的经济损失。拜登政府把重点放在减缓全球变暖上，果断进行了2万亿美元规模的基础设施投资。

3. 应对粮食安全的农业投资

随着地球气候变暖，水资源将日趋紧张，害虫和疾病也会扩散到全世界。现在已经有很多国家和地区因为恶劣天气导致农作物被破坏，粮食无法正常流通。气候变化已经使撒哈拉以南非洲等脆弱地区的作物产量减少。20世纪后半期的绿色革命实现了粮食的大幅增产，但科学革新不应满足于现状，而应引领新的变化。首先，需要对耐受各种气候变化的耐性作物进行研究和投资，采用多种菌株和农业疗法灵活地应对害虫、疾病及气候变化。另外，通过开发科学技术，更好地对土地进行管理，并在此基础上制订应对气候危机的解决方案。只有各国积极参与和投资，才能把人类从即将来临的灾难中解救出来。

4. 应对水资源安全的投资

据国际学术杂志《自然》报道，全世界 80% 以上的人口面临水资源安全威胁。如果说 20 世纪的战争是石油争夺战，那么 21 世纪的战争就可以看作是夺水之战。缺水给人类生存和产业活动造成的影响是致命的。特别是气候变化带来的干旱和洪水会危及洁净水的供给，而各地区之间对水资源的争夺又会引发矛盾。

因此，为了水资源的安全，各国应该果断地对相关基础设施的建设和改进进行大规模投资。对水资源及水灾进行监视与管理的卫星产业技术也正在成为重要的产业。

5. 修复重要生态系统的投资

联合国环境规划署（United Nations Environment Programme，简称 UNEP）将 2021 年定为“地球生态系统恢复十年”行动计划的第 1 年。因为技术虽然可以降低自然灾害造成的损失，但其局限性也非常明显。下面我们来看一下在海岸地区种植红树林的事例。繁盛的红树林有天然的防洪作用，能够保护低洼的沿海地区免受暴风雨袭击。同时，红树林吸收的二氧化碳比其他地球生态系统要多 10 倍。但遗憾的是，世界上 35% 的红树林已经遭到破坏，因此，为了适应气候变化，我们首先要努力恢复生态系统。

相关企业也正在为此努力。中国最大的 IT 企业腾讯正在推进的网络城市（Net City）计划，就是通过采用分散式网络等尖端设施、构建红树林等环保基础设施来打造一座可持续发展的城市。韩国的SK Innovation 正在推进越南和缅甸的“红树林复原事业”，这也是其ESG 经营实践的一环。

滩涂也是生态界复原的主要对象。首尔大学金钟成教授研究团队发现，韩国的滩涂储存着约 1 300 万吨碳，每年吸收 26 万吨以上的二氧化碳。对此，海洋水产部为了达到碳中和，一方面，推进滩涂复原事业；另一方面，计划从 2022 年开始推进在滩涂上种植盐生植物的事业，提升滩涂蓝碳的潜力。从世界层面来看，通过恢复 30% 的生态来防止土地荒漠化和相邻国家之间建立森林合作的全球模式逐渐成为趋势。

如上所述，为了适应气候变化，我们需要多种方案。首先要保护自然生态、强化粮食及水资源安全，同时，只有在今后数十年内构建能够灵活运营的各种基础设施，才能改善数十亿人的生活。最重要的是，上述投资迫在眉睫。只有现在立即行动，才能节约数万亿美元，挽救人类的生命。

无碳能源产业
气候危机时代，可再生能源的大图景

到 2031 年，曼谷 40% 的土地将面临被水淹没的危险。拥有 1 200 万人口的泰国首都曼谷数十年间来取得了爆发性的发展，但是，高度的城市开发也引发了一系列问题。例如，在海岸沼泽地带上建设高层大厦和高速公路，混凝土和钢铁的巨大重量挤压下层柔软的黏土，导致地面每年都在沉降。

在 2010 年，曼谷的一部分已经处于海平面之下，并且几十年来情况在不断恶化。全球变暖导致的海平面上升，以每年 4 厘米的速度侵蚀着海岸线。季风性降雨的强度增加，也导致洪水的周期变得更长，更具破坏性。不仅如此，非法抽取地下水现象也在蔓延。城市居民为了销售饮用水，持续抽取地下水，导致土壤结构变得更加不稳定，并且加剧了地基下沉。

今后几年，曼谷的情况将越来越糟糕。整个城市被废弃的可怕图景有可能成为现实。不单是曼谷，据“欧洲环境局”（European Environment Agency）透露，自 1900 年以来，全世界的海平面上升了 20 厘米左右。随着冰川融化速度的加快，到 21 世纪末，海平面可能会上升 80 厘米左右。荷兰 NUS 环境研究所的研究组预测，全世界将有 4 亿多人口可能会因海平面上升而失去家园。

100% 可再生能源转换的时代会到来吗？

气候变化带给人类的黑暗未来正在逐渐成为现实。在这种紧急状况下，不光是发达国家，各大企业和全球组织的领导人也在采取有力行动，以避免气候灾难的发生。其中之一便是从 2014 年开始推进的全球活动“RE100”（Renewable Energy 100%，简称 RE100）。这是全球非营利团体气候集团（The Climate Group）和全球环境经营认证机构“碳信息披露项目”（Carbon Disclosure Project）正在共同推进的活动，其目标是到 2050 年实现企业业务运营过程中所用全部电力使用可再生能源。

当然，这一过程牵涉多种利益关系。尽管为了夺取可再生能源时代的霸权，强国之间的争斗不会停止，各个企业的战略时时刻刻都在变化。但各方一致认为，如果不久的将来不能实现碳中和以及向可再生能源的转换，人类就将面临大灾难。换句话说，向可再生能源的转换是人类面临的首要课题。

2017 年斯坦福大学教授马克·雅各布森（Mark Jacobson）提出了包括美国在内的全球 139 个国家到 2050 年，100% 使用可再生能源的发展蓝图。他通过计算机建模证明，使用可再生能源发电比现在的能源发电更加优越。其秘诀在于电力储存方式，把电力储存、热储存、低温储存、氢气储存的装置与可再生能源发电设施相结合的话，所有电力就都可以 100% 用清洁可再生能源供应。

加州大学欧文分校的史蒂文·戴维斯（Steven Davis）教授担心，如果风力和太阳能等变动性较大的能源比重提高到 80% 以上，从技术经济学的角度上说，会产生问题。因为变动性较大的能源无法满足实时的能源需求，而且到目前为止，还没有开发出经济性高的大容量能源储存技术。但是，若能降低把主要的可再生能源生产的电力转换为燃料、燃料再次转为电力的这项技术的商用化费用，预计 100% 可再生能源系统的总费用也会大幅降低。

实现 100% 使用可再生能源的目标，需要各个企业的积极参与。这就是 RE100 活动之所以重要的原因。对于每年用电量超过 100 个百万千瓦的企业，在加入 RE100 倡议后，一年内需提交中长期可再生能源保障计划，而且每年都要接受计划实施情况的考察。这项活动是企业自发参与的，并非政府或国际机构强制。以 2021 年 6 月末为

基准，包括苹果、谷歌、微软等大型科技企业在内的全球 310 多家企业都参与了这项活动。

相反，韩国国内企业则面露难色，认为“可再生能源基础设施不足”。据绿色和平组织发表的《十大企业集团应对气候危机的领导能力成绩单》显示，多数韩国企业认为韩国国内可再生能源供应量有限和可再生能源电力价格是主要待解决的问题。目前，加入 RE100 的韩国企业有 SK 海力士、SK 电信等 SK 集团的 8 个子公司，爱茉莉太平洋、LG 新能源、现代汽车集团等，但与其他加入 RE100 的企业相比，它们的目标实现周期较长，方案也不够具体。

韩国企业在可再生能源转换方面的延迟将会导致企业竞争力下降。美国和欧盟已开始将气候应对与贸易政策挂钩。如果现在不减少碳排放，今后企业要承担的费用就会越来越多。向 100% 可再生能源转换是不可抗拒的时代要求。

托尼·塞巴教授在《能源革命 2030》中写道：“石器时代的终结，并不是因为人类用光了石头。石器时代之所以结束，是因为技术水平更高的青铜器取代了石器。”当今社会的能源发展也是如此。新能源的运用与化石燃料的枯竭无关，随着尖端技术的开发，可再生能源的发电单价将下降，全球能源资源必然会发生变化。联合国《2016—2030 年可持续发展目标》中的第 7 个目标，即使用可再生资源和能源。

城市在实现碳中和过程中需要完成的任务

“气候战争的胜负将在城市中决出，而市长则是应对气候紧急事态的急救人员。”在2019年C40世界市长峰会上，联合国秘书长安东尼奥·古特雷斯（Antonio Guterres）强调了城市在碳中和方面的作用。

目前城市消耗的能源占全球能源需求的2/3，即碳排放的70%。受以发展中国家为中心的快速城市化的影响，预计到2050年，全世界约70%的人口将居住在城市。因此，在实现碳中和方面，城市的作用就变得愈加重要。反过来这也能够加速城市开展各项碳中和事业。

例如，为了减少建筑物内各单位的碳排放，可以利用“热泵”将建筑物的供暖电气化。美国加利福尼亚等地方政府已经以新建建筑为中心，禁止在建筑物内使用煤气，并把使用电气义务化。建筑物电气化不仅可以实现碳中和，也有利于居住者的健康和安全，因此我们没有理由不去实行。另外，地方自治团体为了实现运输部门的电气化，正在积极推进对购买电动车实行补贴，以及扩大充电基础设施建设等措施。特别是力求首先实现公交车或卡车等中大型车辆的电气化。

在美国，加利福尼亚等15个州为了实现中大型车辆的电气化，签署了《中、重型零排放汽车谅解备忘录》（Multi-State Medium and Heavy-Duty Zero-Emission Vehicle Memorandum of Understanding），并制订了力争到2030年将各地区内新销售的中大型车辆的30%、到2050年将其100%转换为电动车辆的目标。

由托尼·塞巴教授和马克·雅各布森教授等组成的“全球100%可再生能源战略集团”于2021年初发表了共同宣言。他们在共同宣言中指出，全球范围的电气部门到2030年，所有部门到2035年，其使用的能源可以100%转换为可再生能源。特别是托尼·塞巴教授预测，到2030年，可以实现以SWB（太阳能、风力、电池）为基础的

100% 可再生能源经济，“零边际成本的电力市场”将创造出更加多样的行业模式。

后石油时代的核心——可再生能源

以发达国家为中心，如果新冠肺炎疫情有所好转，各国政府为了刺激经济，预计将增加对环保基础设施的投资。因此，太阳能等可再生能源的普及速度将进一步加快。随着拜登当选总统，美国重新加入《巴黎气候协定》，预计可再生能源将得到更大程度的推广。

据彭博新能源财经发布的《2020 年新能源市场长期展望》预测，今后 30 年间，太阳能、风力、电池等可再生能源将占据新发电设备投资的 15.1 万亿美元中的 80%。同时，到 2050 年，可再生能源发电将占到全球电力供应的 56%。

可再生能源中最值得关注的是“太阳能能源”。太阳能市场从 2000 年开始几乎每年都保持着 40% 以上的增速。如果这种趋势持续下去，太阳能能源很快就能占到全球能源供应份额的 100%。如果中国和美国能够维持稳定的太阳能需求，发展中国家能重启因新冠肺炎疫情而推迟的太阳能项目，那么全球太阳能装机容量将大幅上涨。

根据彭博新能源财经公司的推测，2021 年全球太阳能新装机规模为 151 个百万千瓦到 194 个百万千瓦。如果最终规模能达到 194 个百万千瓦，则将比前一年增长 45% 以上。韩国也将以“新万金”大型工程为开端，制定能够实现“碳中和大韩民国”的具体目标和实践措施，太阳能市场也将随着该计划的开展而逐渐扩大。2020 年韩国国内太阳能市场规模为 3.8 个百万千瓦，而在 2021 年，其规模超过了4个百万千瓦。

继太阳能之后，最值得关注的能源是“风力”。在过去的10年里，风力发电使海洋可再生能源领域得到了发展。风力被国际能源界称为“游戏规则的改变者”。当前，由于处于话题中心的ESG经营的重要性渐增，生产绿色氢的主要能源也备受关注。绿色氢指的是利用风力发电后，通过电解工序生产的能源。

2020年全球风力发电的装机容量为96.8个百万千瓦，同比增长59.2%，创历史新高。受新冠肺炎疫情的影响，风力发电的预估需求也会减少。但因为占全球需求量60%的中国风力发电装机容量同比增加了93.3%，全球整体装机容量也大幅增加。

与陆地风力的装机容量相比，海上风力的装机容量相对不足。由于发电单价和安装费用较高，海上风力设施安装目前还停留在初期市场阶段。此外，中国和美国的装机容量占据了全球装机容量的82.4%，地区之间发展极度不平衡。但因规模最大的中国对海上风力发电的安装进行了部分调整，其装机容量有所减少，所以预计全球需求将出现减少。但从长远来看，风力发电的需求量有望持续增加。彭博新能源财经预测，全球海上风力市场将从2019年的29.1个百万千瓦扩大到2030年的177个百万千瓦。

海洋可再生能源和氢能

在海洋可再生能源领域，我们有必要关注“潮汐能”。海洋能够产生大量的脱碳能量，进入海岸的海浪有足够的能量，每米宽的海面提供的功率可以满足5个家庭的用电需求。同时，在风暴期间，海浪会产生更多的能量。

能源界对波浪发电的关注度越来越高。太阳能和风能是全世界增长最快的可再生能源供应形态。但是，最佳的风力条件和太阳光照条件具有不稳定性，在能源需求量大的时间段，这就成了问题。而与此相比，占据地球 2/3 面积的海洋则可以无限使用海浪和潮水所蕴含的能量。

像海洋等可再生能源一样，在向低碳经济转型中，“氢”也作为游戏规则改变者而备受瞩目。首先，氢可以电解多种可再生能源，实现大规模储存。这种储氢方式从长远来看，能够成为应对能源需求和供给冲击的缓冲装置。另外，从费用方面考虑，氢气管道网络有望成为最有效的运输手段。因为氢气管道只用相当于输电线 1/8 的费用，就可以传送多于输电线 10 倍的能源。除此之外，氢气还能帮助钢铁、炼油、石油化工、肥料等减碳困难的领域实现脱碳化。

目前全世界有 200 多个氢气项目正在进行，预计到 2030 年投资规模将达到 3 500 亿美元。德国的加氢站运营商 H2 Mobility 在德国 7 个大城市地区和高速公路上建设了 91 个加氢站，而其目标是在德国设立 100 个加氢站。韩国政府也决定以“氢经济路线图”为依据，到 2040 年设置 620 万辆氢气轿车、4 万辆氢气公交车和 1 200 个氢气充气站，这样的话，韩国今后也将成为主要的氢气进口国。

能源的未来——“清洁能源 U 型曲线”

太阳能发电、陆上风电及锂离子电池的经济性主导了能源部门的破坏性创新（Disruptive Innovation）。与这些能源相关的技术费用几十年来一直在下降，并且功能一直在改善。自 2010 年以来，太阳能发电的装机成本下降了 80% 以上，陆上风力发电的装机成本下降了 45% 以上，锂离子电池装机成本下降了近 90 %。

费用的下降一直以来都是能够预测到的，现有的煤炭、天然气及核电站在设备及发电容量方面，已经不能对太阳能和风能构成竞争。这意味着现有的能源技术被取代是不可避免的。但是政策制定者、投资者、普通大众仍然持有这样的偏见：如果没有电池能源储存装置，太阳能发电和风力发电就无法实现 100% 的电力供应。

但是，假如象征发电容量和储能容量之间的根本均衡关系的“清洁能源 U 型曲线”能够得到优化，那么不仅可以实现 100% 的 SWB 系统，我们还能以最便宜的价格使用电能。随着 SWB 的快速应用，这种技术将成为“清洁能源超级力量”，以几乎零的边际成本生成越来越多的剩余能源。SWB 系统在设计之初的目标就是其容量要在全年用电量的最高峰时期完全满足电力需求，因此非高峰时期它可以提供更多的电力。源源不断的清洁能源将打开应对社会、经济及环境变化的新的可能性之门。

在实现电气化的同时，超级力量可为海水淡化及水过滤、道路运输、居住及商业用暖气、废弃物管理、产业及化学工程等服务范围广泛的碳密集型行业提供清洁能源。太阳能 PV（光伏）及电池不受规模、地域限制，几乎所有的地方都能安装，这一特点将带动能源生产的本地化、分散化及民主化。

通过使用更稳定、更具弹性的新能源生产系统，欠发达国家和地区可以跨越发展壁垒，缩小与发达国家地区在社会财富、平等方面的差距。

威胁石油巨头企业的可再生能源企业的跃进

可再生能源问题对过去 100 年间掌控世界能源市场的所谓“大石油”（世界七大石油企业）的经营产生了致命的影响。这些石油企业在面临糟糕业绩的同时，又因适应企业环境变化而陷入困境。而在此过程中，可再生能源企业加快了追赶这些大石油企业的脚步。

新冠肺炎病毒大流行，导致石油需求量减少。世界最大的能源企业埃克森美孚（ExxonMobi）2020 年仅前三个季度就累计亏损了 24 亿美元，遭受了直接打击。一度市价总额排名第一的埃克森美孚，时隔 92 年后再次被踢出“道琼斯工业平均指数”。此后，埃克森美孚顺应世界脱碳潮流，成立了“碳捕集新事业部”。埃克森美孚虽然是全球最大的碳捕集企业，但它以碳捕集没有经济效益为由，对引进相关技术一直持消极态度。不过，随着拜登政府宣布“2050 年实现碳中和”，积极支援环保能源转换，并引进相关技术，埃克森美孚也扩大了相关投资，并表示计划到 2025 年投资 30 亿美元。

不仅是埃克森美孚，感受到危机的现有石油企业们为了生存，也在重新制定业务战略。传统能源企业中，英国石油企业 BP 变革的决心最为坚定。BP 表示，今后 10 年内对尾气减排的投资将增加到每年 50 亿美元，将石油和天然气生产减少 40%，同时 BP 将扩大对可再生能源业务的投资，力争成为一家综合能源公司。西班牙最大的能源企业雷普索尔也发布了类似计划，宣布到 2030 年减少石油业务运营，并可将再生能源业务的比重增加 5 倍。

在石油能源企业谋求转型的同时，可再生能源开发公司的突飞猛进也令人惊讶。在世界各地实施太阳能、风能发电项目的美国新时代能源公司、丹麦奥斯特德公司、西班牙伊维尔德罗拉公司等企业迅速成长为新兴能源企业的强者。在这些企业中，美国新时代能源公司在2020年10月的市价总额一度接近1 500亿美元，超过了埃克森－美孚的企业股值。市场专家们把这两家公司的市场股价总额排名互换的事件解释为："这是标志着石油时代落幕和能源市场开始新老交替的信号。"

BP在2020年发表的《世界能源展望》报告中做出了首创性的分析，认为2020年以后，世界石油需求将不会再增加，石油需求已经达到峰值。现在，炼油产业即将走向衰落，向可再生能源的转换速度将进一步加快。

畜牧业的未来
防止全球变暖的饮食习惯大转型

美国新技术研究所RethinkX在《重新思考气候变化》的报告中表示，能源、运输、食品这3种主要产业若能实现变革，则可以减少全世界纯温室气体排放量的90%以上。其中，报告认为，精密发酵及细胞农业是减少畜牧业温室气体排放的重要途径。精密发酵技术可以让酵母等微生物宿主生产蛋白质及脂肪，而细胞农业技术能通过少量的动物细胞在实验室培育肉。如果这两种技术能够得到应用的话，那么食品产业就可以制造出安全、对环境有益的蛋白质，取代现有的肉类、乳制品及其他肉类相关产品。

破坏环境的畜牧业将终结

畜牧业排放的温室气体约占美国温室气体排放总量的 8%。肉牛和奶牛通过肠内发酵和肥料排出沼气，改变土质，而且饲料生产以及运输过程中都会间接排出温室气体。虽然各机构对生产和流通的预测值不同，但据联合国粮农组织数据显示，牛占美国畜牧业排放的 GHG 的 78%。

RethinkX 在《重新思考气候变化》的报告中还强调应取消食品部门的畜产补助金。据农业公平联盟（Agricultural Fairness Alliance）透露，2020 年美国政府在农业补贴和金融救助方面支出了 500 亿美元以上的金额，其中大部分投入了肉类及乳制品产业。

RethinkX 强调：“虽然因补助金取消而引发的混乱不可避免，但仅凭技术不足以实现温室气体的零排放和规避气候变化带来的危险，因此需要畜牧业做出改变，为社会发展提供坚实的后盾。”与此相关，开发替代肉类的重要性进一步凸显。

凯瑟琳·塔布教授和托尼·塞巴教授认为：“畜牧业是世界上历史最悠久、规模最大但效率最低的食品生产系统之一。”通过精密发酵生产的动物性蛋白质，其费用在 2000 年为每公斤 100 万美元，但 2021 年下降到了 100 美元。如果按照这种下降趋势，到 2030 年，精密发酵生产的动物性蛋白质将比现有的动物性蛋白质便宜 5 倍，而到 2035 年将便宜 10 倍。

据美国调查机构 Market and Market 透露，全球肉类替代品市场的规模在 2018 年达到 46 亿美元。因为替代肉类市场年均增幅在 6% 左右，所以预计到 2023 年，其规模将增加到 63 亿美元。特别是亚太地区的替代肉类市场年均增速高达 8% 以上，这意味着今后传统畜牧业将面临巨大的危机。

RethinkX 发表的《反思食品与农业 2020～2030》指出，2020 年值得关注的技术是将导致畜牧产业崩溃的“新食品技术”。该报告预测，2030 年畜牧业的农户将会消失。无论是植物来源的肉类，还是细胞农业技术培育出来的肉类，随着替代肉技术越来越具有价格竞争力，畜牧业和奶酪业将会破产。据该报告预测，到 2030 年，美国的奶牛数量将减少 50%，牛肉市场规模将减少 70%，乳制品市场规模将减少近 90%。

类似的预测不仅仅局限于美国，预计人造肉类也将比预想的更快进入韩国。畜牧业的模式必然会迎来急剧的变化，人造肉类的生产费用会逐渐下降，为此，畜牧业必须要制定新的发展蓝图。

今后 10 年内，人类将开发出最具伦理规范、营养价值最高、环境上可持续发展的蛋白质生产系统。“细胞农业”以干细胞为基础，营养素含量更高，污染更小。耗碳量比传统家畜更少的牛肉、鸡肉、鱼将随处可见。这种元趋势可以通过生命工程、材料科学、机器学习、农业信息技术的融合来实现。

大幅降低环境成本的人造肉

人造肉将会彻底改变世界。与现有的畜牧业相比，人造肉使用的土地面积要少 99%，用水量少 82%～96%，生产过程中排放的温室气体比传统畜牧业少 78%～96%。并且肉类种类不同，其能源消耗也不同，预计将减少 7%～45%。

同时，人造肉生产无需对植被造成破坏，这一点有利于克服生物多样性危机、减缓全球变暖。人造肉兼具伦理和环保属性，可成为解决世界饥饿问题的有效方案。除此之外，人造肉还能为改善个人健康提供有效途径。利用干细胞培育牛排，可以增加有益的蛋白质、减少饱和脂肪、增加维生素等，因此它能够成为健康快餐的食材。

另外，生产人造肉不需要添加抗生素。考虑到疯牛病等疾病的危险性，未来的肉类消费将更加安全。实际上，70% 的新兴疾病是由家畜引起的。因此通过转换肉类生产方式，能够减轻全球的疾病负担，减少传染病带来的危险。

到 2030 年，全世界任何地方都可以订制人造肉，并且比传统家畜肉类的营养价值更高。届时，人们没有必要为了购物而外出，垂直农业、无人机配送等会把食材送到家门口，人们可以参照最适合自己身体的烹饪食谱收到食材，甚至可以直接使用 3D 打印机打印食物。

2020 年，人造肉巨头 Memphis Meats 公司获得了 1.61 亿美元的 B 轮融资，取得了重大进展。该轮融资由软银集团（SoftBank Group）、东北电力（Norwest）和淡马锡（Temasek）牵头。这一融资金额比公开的其他所有肉类企业的投资额还要大。

在美国纽约股市上市并大获成功的 Beyond Meat 公司也是使用植物蛋白制作肉类的公司。据悉，与以往的植物性肉类不同，该公司制作的牛肉与实际牛肉的口感非常相似。Beyond Meat 公司作为目前全世界最受瞩目的替代肉初创企业，其 2020 年销售额达到了 4.68 亿美元，增长势头迅猛。

在韩国，Cellmeat 公司正在开发以细胞培养技术为基础的人造肉生产技术。Cellmeat 公司拥有生产人造肉所必需的细胞培养技术、开发经济性细胞培养液的原创技术、以及能够体现各部位肉类固有物理质感的技术。Cellmeat 公司在 2021 年的 A 轮融资中获得了 50 亿韩元规模的投资，目前正在致力于研发能够实现人造肉量产的技术。

目前，韩国政府大规模投资可再生能源领域，但是对可再生肉类方面的投资明显不足。韩国若想扩大人造肉的生产规模，政府就要持续地为其提供有力支持，来解决各种问题、提高生产效率。人造肉是肉类生产史上划时代的变革，因此政府也应该出面促进其发展。

新一代典型交通工具
超越飞机的超级高铁时代即将开启

“我们将建设洛杉矶高速循环隧道网，原本从洛杉矶到旧金山需要 6 个小时车程，现在 30 分钟内就能到达。汽车进入管状隧道后，在真空状态下依靠磁场的力量前行，最高时速可达 200 千米。”

“又开始了。你要做梦做到什么时候？”

2013 年，当埃隆·马斯克表示要引进超级高铁时，人们表现出的并不是惊讶，而是嘲讽。马斯克把进行超级高铁项目的公司命名为“无聊公司”（Boring Company），体现了他平时的座右铭——“讨厌无聊的生活”。

6 年后，马斯克在自己设立的太空探索企业 Space X 总公司所在地——洛杉矶南部霍桑铺设了从市中心到洛杉矶国际机场的 1.83 千米的环形隧道，并且演示了特斯拉 Model X 在隧道中行驶的场面。

全世界选择超级高铁作为未来交通工具的理由

超级高铁并不是一个全新的概念。事实上，埃隆·马斯克提出的超级高铁的核心设计概念就受到了美国物理学家、火箭科学家罗伯特·戈达德（Robert Goddard）在 1945 年提出并获得专利的空气压驱动列车的影响。超级高铁的基本理论可追溯到 18 世纪英国工程师乔治·梅德赫斯特（George Medhurst）提出的，在铸铁管道中用空气压力将货物向前拉运的想法。此后，人们为了验证这一理论，进行了多种尝试，逐渐进化成了今天的超级高铁。

超级高铁指的是一种能够装载着人和货物，在高真空状态的管道内运行的胶囊形的列车。超级高铁利用磁场获得推力，并向地面喷射空气，以减少摩擦力。运行过程中所需的电力由包裹在管道外壁的太阳能板提供。胶囊列车的底部安装了磁铁，因隧道地面有磁场流动，所以列车经过隧道时，列车前部会产生吸力，同时后面产生推力，这样胶囊列车就能高速移动。

隧道内部处于高真空状态，空气摩擦较小。因此，理论上胶囊舱的速度可比波音 737 客机的时速 780 千米还要快，可达到每小时 1 200 千米。最重要的是，超级高铁使用的是可再生能源运营的无人驾驶系统，能够大幅减少生产费用和运营费用，这是全世界都对超级高铁感兴趣的原因。

城市中心的人口集中现象是全世界共同面临的一大难题。人们越是涌向市中心，汽车就越多，交通也就越混乱，而且会引发雾霾、污染等环境问题。而在真空隧道中运行的超级高铁则可以让人们远离市中心拥堵的道路，干脆利落地解决上述问题，因此它有可能成为未来最有发展前景的交通工具。随着过去几年的公开测试，超级高铁愈加受到大众的关注。

谁将引领超级高铁的未来?

美国是开发超级高铁最为积极的国家。因为美国的代表性火车（American track，简称 Amtrak）的设施老化现象非常严重，所以美国成立了新交通技术委员会，积极探讨包括超高速运输手段在内的未来交通工具。2017 年，联邦政府批准了无聊公司在纽约和华盛顿特区之间建立超级循环路线的计划，各地方政府也正在阶段性地放宽项目的管制许可。

此外，在美国政府的支持下，以民间企业为主的技术开发正式展开。主要参与的企业有埃隆·马斯克的无聊公司、以航空宇宙技术为基础的维珍超级高铁公司、美国超级高铁公司等。

2020 年，维珍超级高铁公司在美国内华达州拉斯维加斯的德布鲁普试验场首次成功进行了载人行驶的试验。乘客是维珍超级高铁的 CEO 乔西·盖格尔（Josh Giegel）和乘客体验主管萨拉·卢基恩（Sara Luchian）。他们乘坐的维珍超级高铁以时速 172 千米的速度跑完了全程。超级高铁的最终目标为时速 1 223 千米，虽然测试速度明显低于目标速度，但在某种程度上验证了载人行驶中最令人担忧的安全性问题。

得益于该测试的成功，维珍超级高铁公司表示，到 2025 年将完成安全性验证，到 2030 年将把 28 人座的超级高铁投入市场运营。除了超级高铁的技术开发外，各国也在推进超级循环路线建设的各项协定。目前，美国、欧洲、沙特阿拉伯、印度等已经签署了相关协议或正在协商之中。

如果超级高铁成功实现商用化，则“纽约—华盛顿”区间单程只需 30 分钟（小轿车需 5 小时，飞机需 1 小时），“旧金山—洛杉矶”区间单程只需 35 分钟（小轿车需 7 小时，飞机需 1 小时）。如果将超级高铁引入物流配送行业，那么物流仓储费用势必会减少，配送时间也会缩短，这对经济也会产生较大附带效应。

美国超级高铁公司在 2021 年初首次公开了超级高铁运行车站和隧道等的设计。该公司研发的列车长度约为 32 米，重量约为 5 吨。该公司在阿拉伯联合酋长国正在建设的，连接迪拜和阿布扎比的超级高铁计划将在 1～2 年内运行部分线路。特别是被称为“Pod”的胶囊列车因使用了比钢铁强度高 10 倍以上、重量轻 5 倍、耐久性高的新材料“吸音钢”，而备受关注。

超级高铁公司的目标是在阿联酋成功试运行后，2023 年开始在美国动工修建超级高铁，计划于 2028 年开始运行。美国的运行线路是从俄亥俄州的克利夫兰到伊利诺伊州的芝加哥。计划用 31 分钟跑完约 506 千米的路程，每天运送约 16.4 万名乘客。

在欧洲，荷兰企业 Hardt 公司是代表性的超级高铁公司。Hardt 公司研发了一种在保持超级高铁速度的同时，又能够改变行驶路线的技术。该公司在荷兰准备了长达 30 米的测试设施，并在世界上首次演示了超级高铁路线变更系统。超级高铁现有的路线变更方式是像火车一样移动轨道的方式。但 Hardt 公司使超级高铁像汽车在高速公路上自由出入收费站和出入口一样，在高速状态下自由变更路线，最大限度地提高了超级高铁的运营效率。该公司计划 2022 年建设欧洲超级高铁中心。

加拿大的 Transpod 公司计划在法国建设试验线路，同时在 2030 年打造能够快速从巴黎抵达凡尔赛的超级高铁。此外，该公司也在构想建造比欧洲高速铁路便宜 30% 的超级高铁。

开启交通革命黄金期，超级高铁面临的课题

从洛杉矶到旧金山坐车需要 6～7 个小时，坐飞机需要 1 小时左右。但是，如果乘坐超级高铁，仅需 35 分钟就足够了，从首尔到釜山只需要 16 分钟。此外，今后超级高铁的商用化也可以引导物流、配送行业在“最后一英里服务”方面进行革新。配送时间的缩短、物流费用的减少，都将对未来的运输业和物流的行业发展产生积极影响。超级高铁将所有的一切都带到下一个发展阶段，让人们有了更远大的梦想。

“超级高铁不仅重新定义了人们日常生活中对于距离的概念，还减少了货物和运输行业的碳排放。此外，超级高铁极大地提高了电子商务领域的效率，带来整个产业界运营方式的革新。”正如美国超级高铁公司的代表安德烈斯德莱昂所说，超级高铁是使人类生活到达另一个境地的梦想交通工具。

但是，在实现超级高铁的商用化之前，需要克服的困难也很多。虽然各国对超级高铁的限制呈逐渐放宽的趋势，但是最重要的“安全性”问题还亟待解决。由于超级高铁是在封闭的真空管内运行，并且

是无人驾驶，就会导致在发生安全事故或犯罪时，人们很难中断其运行并迅速做出应对。在这种情况下，极有可能会引发重大惨案。因此必须要通过 AI 技术等持续的补充研究来预先制订解决问题的方案。

超级高铁的另一个问题是经济性。技术创新研究与咨询机构 Lux Research 在《实现超级高铁的技术壁垒分析》报告书中指出，超级高铁商用化的最大障碍不是技术，而是经济性。这是目前实施技术测试后，准备将其投入运行的各企业所面临的共同问题。

马斯克的无聊公司于 2021 年 6 月在 LA 会展中心地下建设了长 2.7 公里的“会展中心环线”，在混凝土博览会期间开始运送乘客。该工程的总费用为 5 250 万美元，时速为 64 公里，远不及马斯克当初宣称的 240 公里，运行区间也很短，最重要的是运输效率低下。据美国全国城市交通管理协会（National Association of City Transportation Officials）透露，公交车和铁路的每条线路分别能运送 8 000 人和 2.5 万人，地铁的运送能力达到每小时接近 10 万人。但是，会展中心环线的最大运送能力为每小时 4 400 人，远远低于传统的交通工具。

虽然超级高铁需要解决的课题不少，如各种规制和经济性、稳定性等问题。但是，随着政府在应对气候变化危机、减少碳排放等方面的紧迫性增强，其对超级高铁事业的支持力度也会增加。此外，各大企业也在加快研发步伐。

在韩国，釜山梦想成为超级高铁的先导城市。连接首尔和釜山的超级高铁正在论证中。除此之外，韩日海底隧道也应该引进超级高铁的意见浮出水面。因为如果引进超级高铁的话，就能克服韩日海底隧道所具有的一切局限性。韩日海底隧道是从釜山、巨济岛出发，经过对马岛，连接到日本九州佐贺县空津市的路线。该海底隧道建成的话，还可以从日本往返俄罗斯。

但是，韩日海底隧道的长度是英法海底隧道总长度的 4 倍左右。根据推算，其建设费最少为 60 万亿韩元，最多可达 200 万亿韩元。因此其经济性成为问题，但如果引进超级高铁，就可以极大地减少建设费用。最重要的是，有民众认为“韩日海底隧道将给日本开辟进军大陆之路”，因此对海底隧道持反对意见，而引入超级高铁的话，这一政治、历史难题也可以得到解决，因为釜山可以成为欧亚铁路的始发点和终点。

超级高铁使得人类对未来交通的想象到达了一个新的高度，即拥有跨越海洋、连接陆地的海底隧道。如果超级高铁在各地能实现商用化，机场便会慢慢消失，人类的生活也将会发生革命性的变化。

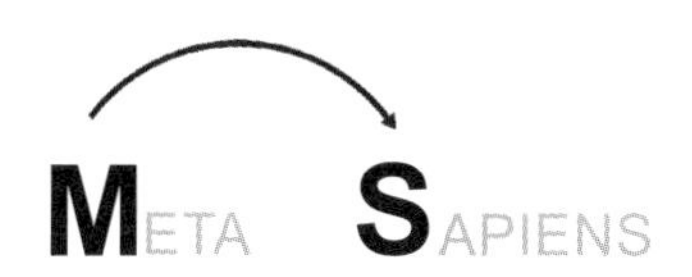

第六章

为企业谋划未来的 ESG 生存战略

2021 年 7 月，CNN 报道了一则惊人的新闻：由于异常高温，格陵兰岛 85 亿吨冰山在一天内融化。据说，这是可将整个美国佛罗里达州淹没在 5 厘米水中的水量。史无前例的酷暑和百年不遇的大洪水，吞噬城市和森林的沙暴和山火……由于各种气候异变，地球陷入了恐慌之中。气候系统的崩溃引发的剧变，不仅对世界各地区的生态环境造成了破坏，也使经济环境和金融市场受到了冲击。

瑞士再保险公司（Swiss Re）在一份报告中指出，2020 年全世界保险公司因天灾和人祸承受的损失达 830 亿美元，相比 2019 年增加了 32%。例如，美国加利福尼亚州、俄勒冈州等地发生了 800 余起的山火，保险公司赔偿了数十亿美元的保险金。2021 年 2 月，由于史无前例的寒流侵袭，美国炼油和半导体等主要行业的生产设备一度停产。

新冠肺炎疫情总有一天会结束，但气候变化却依然照旧。依据 ESG 原则的经营不是“选择”，而是“必须”的原因就在于此。今后全球企业为了实现碳转化、碳中和目标，必将改变企业经营模式，全世界都将进入“新气候体系”。

何为ESG
随气候危机而来的世界经济新模式

“仿佛看到了世界末日。”

“地底下不断涌出的火焰吞噬了森林，森林宛如一座火药库。”

目睹过山火的人们这样说道。2021 年上半年，全世界频发火灾，许多地区笼罩在呛人的烟雾和有毒的气体中。从美国和加拿大西部的山火到西班牙加泰罗尼亚地区希罗纳的山火，甚至连“冰冻的土地”西伯利亚也发生了火情。其中，俄罗斯远东联邦萨哈共和国首都雅库茨克发生的山火达到了大灾难级别。250 起山火使得相当于卢森堡 2 倍面积的土地瞬间化为灰烬。

山火排放了大量的臭氧、苯、氨等化学物质和有毒气体，比城市日常排出的总量还要多。不仅如此，山火导致悬浮微粒的浓度增高，雅库茨克的细颗粒物浓度超出世界卫生组织规定的安全标准的 40 倍。这个剂量的气体如果被人体吸收，就会给脏器带来致命的伤害。

造成雅库茨克山火的罪魁祸首正是全球变暖。作为世界上最冷的城市，雅库茨克的冬季气温在零下 50 摄氏度以下。但受到全球变暖的影响，该城市夏季气温的上升速度是全球气温上升平均速度的 2.5 倍。此次山火正是由酷暑和干旱引发的干燥天气遇上无雨闪电而导致的。

让世界停止运转的气候危机，加速了 ESG 的发展步伐

山火对整个地球环境也会产生破坏性的影响。从欧盟下属的“哥白尼大气监测服务中心”的观测结果来看，萨哈共和国山火产生的二氧化碳总量为 65 万亿吨，大大超过了过去 17 年的二氧化碳排放平均值。二氧化碳会加速全球变暖，异常高温会引发山火，山火会融化永久冻土层，储存在永冻层的温室气体又将大量排出。如果不切断这一恶性循环，地球环境将越来越糟糕。也许不久的将来，我们就会目睹大气污染带来的“空气末日”。

就像新冠肺炎疫情导致全球经济萎缩一样，气候危机引起的山火、酷暑、洪水等自然灾害也会对经济产生致命影响。不光是人员伤亡，市区道路、铁路、桥梁等基础设施也会遭到破坏，整个经济活动都将出现萎缩。而且，气候危机不仅威胁着经济的正常运行，还威胁着人类的可持续生存，因此各个企业不应当再对这个问题保持沉默。

美联储已经开始认识到气候变化也是经济风险的因素，其危险程度不亚于 2008 年的金融危机。美联储认为，气候变化不仅扰乱经营环境、对经济效率产生致命影响，还会对金融市场及企业的征信造成损失。对此，为了应对气候危机对金融系统造成的潜在危险，美联储发布了成立“金融稳定气候委员会”（Financial Stability Climate Committee，简称 FSCC）的计划，FSCC 将观测气候变化以何种方式给受美联储监督的金融机构带来系统性风险。

一直以来，企业经营活动的核心是扩大销售和利润，但是随着全球经营环境的改变，企业在可持续发展方面陷入困境。与财务价值相比，原先相对不重要的方面或将成为意想不到的风险因素，给企业带

来巨大损失。从长远角度来看，新冠肺炎疫情、气候危机、各种社会问题等外部环境将对企业的价值和可持续发展产生更大的影响。换句话说，ESG 经营的时代到来了。

企业价值的新模式，何为 ESG？

ESG 指的是企业主动保护和管理环境（Environment）、关注社会责任（Social）、注重公司治理（Governance）的新的经营方式。在当今社会，企业有责任通过实现这些非财务要素创造可持续发展。

“E”是 Environment（环境）的首字母。气候变化有可能成为引发金融危机的“绿天鹅”（green swan），因此，“环境”备受关注。它能让企业了解在气候危机及碳排放方面应该发挥什么样的作用，并努力付诸实践。

“S”是 Social（社会）的首字母，指的是人权和劳动、供应链管理和社会责任等企业的非财务要素。1996 年发生的抵制耐克运动就是一个“S”的例子。在巴基斯坦的耐克足球制造工厂里，制造足球的少年们，其报酬是生产每个球 100 ~ 150 韩元，与足球价格相比，这点钱少的可怜。象征孩子们梦想的足球反而是剥削儿童的罪魁祸首。消息传开后，美国的公民团体展开了抵制耐克的运动。由此，耐克的销售额下降了一半，股价也同时暴跌。

此后，白宫制定了世界人权和劳动原则。1998 年“国际劳工组织”（International Labour Organization）发表了包括废除强制劳动和童工劳动在内的四大原则，这对“ESG”中“S”的劳动部门起到了全球指导方针的作用。像这样强调企业社会责任的“S”，今后会变得越来越重要。

“G”是 Governance（治理）的首字母，指的是公司治理。它评价企业是否做好了该做的工作。这意味着管理层、股东、董事会要保护所有投资者免受追求私人利益的经营者的侵害。“世界经济论坛”（World Economy Forum）将 ESG 中的公司治理选为企业可持续经营的第一要素。其理由是，公司治理不完善的企业，从公司组织内部开始发生风险的可能性更高。

大部分 ESG 评价 / 评级机构重视公司治理的原因也是因为这是“风险”的核心。对此，S&P 强调：“糟糕的公司治理案例已经成为一些大公司的丑闻核心，理解治理相关的风险和机会是至关重要的。”

更完善的未来 ESG 是如何诞生的？

ESG 一词最早出现在 2003 年“联合国环境规划署金融倡议”（United Nations Environment Programme Finance Initiative，简称 UNEPFI）中。此后，在 2005 年，“联合国全球契约”（UN Global Compact，简称 UNGC）提出将 ESG 作为正式用语。此后，联合国负责任投资原则组织（United Nations Principles for Responsible Investment，简称 UNPRI）将这一用语进一步具体化。

2006 年，UNGC 和 UNEPFI 共同制定了 UNPRI。这表示在进行投资决策和资产运营时，要把 ESG 纳入考虑范围。该原则由“责任投资 6 项原则”组成，包括在投资分析和投资决策中反映 ESG，将 ESG 应用于行使股东权，要求披露 ESG 信息等内容。以 2021 年 1 月为基准，加入 UNPRI 的公司、机构达到了 3 615 家。

ESG的源头可以追溯到工业革命时期。当时，随着一氧化碳的排放和剥削童工成为社会焦点，各国企业在经营中不得对环境和社会造成危害这一方面达成了共识。此后，伴随着环境友好型经营、遵循伦理式经营、可持续经营等理念的强化，相关组织和企业还为此制定了全球规约。ESG可以说是这种可持续经营和社会责任分阶段深化、逐步规范化的结果。

ESG的核心是可持续性。这意味着当代人要为不浪费或耗尽未来一代的经济、社会、环境资源而努力，在发展中力争实现相互协调和均衡。E、S、G 3个因素中，只要缺失一个，可持续经营就很难继续下去。换句话说，过去企业经营的“成功公式”不再奏效，企业经营进入“零增长时代”。因此，非财务因素有可能成为企业经营的风险因素，极有可能给企业带来巨大损失。而ESG可以说是既能保证可持续发展，又能适应未来发展趋势的重要经营方式。

可持续发展首次成为全球性主要议题是源于1987年UNEP采纳了《布伦特兰报告》。该报告在使包括环境与发展在内的可持续发展正式成为长期性、全球性议题方面起到了重要作用。在这之后，美国阿拉斯加湾发生了“埃克森·瓦尔迪兹”号原油泄漏事故，这一事故使得各企业确确实实地认识到了自己会对环境和社会造成巨大影响，全球企业必须为了避免类似事件的发生而努力。这也成为“瓦尔迪兹原则”发表的契机。随着UNEP对该原则的支持，重视ESG作用的全球倡议也得以建立。

此后，178个国家的政府首脑于1992年签署了《里约宣言》。该宣言以环境和发展并存为目标，包含世界三大环境协议内容，相当于ESG中E领域的全球指导方针。从防止全球变暖的国际协约《联合国气候变化框架公约》（*United Nations Framework Convention on Climate Change*）以及它的补充条款《京都议定书》，再到《巴黎协定》，都反映了气候变化和环境的主要焦点问题。

如今，“全球报告倡议组织”（Global Reporting Initiative，简称 GRI）发表了关于企业可持续经营报告的指导方针。GRI 在 2016 年制定了全球可持续性报告标准，即“GRI 标准”。在“GRI 标准”制定之前，该组织曾在 2000 年公布了 GRI 指导方针（G1），这是为可持续报告而制定的第一个全球框架。目前，全世界有 15 402 个组织在根据 GRI 指导方针发布了可持续经营报告。

新气候体制的生存战略
下场“瘟疫”是气候变化引发的“碳战争”

“我们计划投资 1 亿美元，通过与黑人大学合作，在全国设立 100 多个学习中心，力争消除种族歧视。”

2021 年 1 月，当全世界的目光都聚焦在苹果公司时，苹果 CEO 蒂姆·库克发布的既不是苹果汽车公司的合作对象，也不是对新款 iPhone 的展望，而是苹果公司对消除种族歧视项目的支援表态。而这可以说是苹果的 ESG 经营方案。

苹果的“REJI”（Racial Equity and Justice Initiative）项目的主要内容是什么呢？大致构想是为全美黑人大学建立第一个教育中心——“Propel Center”，并开设“苹果开发者商学院”，旨在为底特律地区的学生提供编码和技术教育，该项目还包括为有色人种企业家提供风险投资基金等内容。

此外，苹果还决定与保护国际基金会（Conservation International）及高盛合作，建立2亿美元规模的复原基金。该基金的运营方式如下：投资森林项目以减少碳排放量，并且将获得的收益返还给投资者。为了在2030年实现碳中和，苹果公司计划减少其制造供应链和产品生产排放中75%的碳排放量，并利用复原基金，努力清除大气中的碳，来解决剩下的碳排放量。此前一直没有对ESG经营提出具体方案的苹果在进入2021年后，发表多种计划的理由是什么呢？

新冠肺炎病毒大流行后，迎来了经济主导权之争

《巴黎协定》规定的温室气体减排等目标期限是2030年，目前时间已所剩无几。巴黎气候协定是2015年12月在巴黎举行的《联合国气候变化框架公约》第21次“缔约国会议”（Conference of the Parties）全体会议上由195个缔约国通过的协定。这是由奥巴马主导签署的协定，旨在通过分阶段减少温室气体排放量，将全球平均气温上升幅度控制在2摄氏度以内。

作为实现上述目标的一环，欧盟采取了增加税收等针对碳中和的强硬措施。2021年欧盟执行委员会公布了2030年温室气体排放量减少55%的“Fit for 55”减排一揽子方案，并强烈表示将通过退出化石燃料领域等政策来应对气候变化。该方案的核心是被称为“碳边际税”的“碳边境调节机制”（Carbon Border Adjustment Mechanism）。欧盟计划通过这一措施调查进口到欧盟地区的产品的碳含量，并从

2026 年开始，将对其碳排放量超过欧盟产品标准的他国产品征收关税，从 2035 年开始，禁止销售内燃机汽车。

事实上，欧盟的“Fit for 55”在很大程度上表明了欧洲想要重组世界贸易秩序的意图。欧盟计划每年征收 100 亿欧元的税金来保护欧盟企业和填补庞大的财政支出。可以看出，欧盟名为应对气候危机，实则是为了确保自己的脱碳经济主导权。而随着其他国家对此担忧和批评的声音日益高涨，它们对欧盟采取报复性措施的可能性也越来越大。如上所述，各国都在心照不宣地意图应对欧盟提出的“碳边际税”。

美国财政部长珍妮特・耶伦（Janet Yellen）也施压说：“为了应对气候变化，国际机构和金融机构应该积极行动。”也就是说，政府将审查金融机构是否在准确及时地评估气候变化带来的金融稳定性风险。乔・拜登总统曾承诺到 2030 年，美国的碳排放量将比 2005 年减少 50%。上述审查也是实现该承诺的方案之一。

除了产业领域，金融领域也在强调需要新的框架，因此备受世人关注。事实上，美国的金融当局为了让资金涌入 ESG 经营良好的公司，正在着手改变金融规则，预计今后金融领域将会发生翻天覆地的变化。而在现阶段，ESG 投资让各大企业处境尴尬。

新冠肺炎病毒大流行结束之后，等待世界经济的将是气候变化引发的新经济战争。当疫情得到一定程度控制时，决定企业生死存亡的时刻也就来临了，就业难和财富两极化等各种经济弊端也会暴露出来。同时，为了在这场战争中取胜，国与国、企业与企业之间将展开生死较量。

克服全球危机，资本主义的大重置

新冠肺炎病毒大流行导致许多国家的负债超过其国内生产总值，达到了第二次世界大战以来的最大规模。在这种情况下，一些国家还是借入了更多的资金来增加政府支出。因为乐观论认为，对国家负债的认识变化和高速的经济增长可以抵消负债增加带来的副作用。但是，不能忽视的是，国家负债有可能导致通货膨胀和债务无法履行，即债务违约。

据《金融时报》报道，如果美国国会不提高负债限额，美国政府在 2021 年下半年将面临资金枯竭和无法偿还债务的危机。美国的财政负债在 2021 年 7 月已接近 28.5 万亿美元，财政部为了避免债务违约，采取了调整税收和支出的罕见措施，但是国会预算处表示担忧：“通过这些措施筹集的资金也会比预想更快耗尽。”

如上所述，用于消除新冠肺炎病毒和恢复经济的现金流，其不确定性越来越大。更大的问题则是，这一切将使已经处于进行时的气候和社会危机更加恶化。一些国家以面临新冠肺炎病毒危机为借口，削弱包括环境保护在内的 ESG 执行力度。在此过程中，亿万富翁们的财富如天文数字般增加，社会各处的不平等问题得不到解决，世界正在变得不再可持续，变得更加不平等和更加脆弱。

为了防止出现最坏的情况，我们必须彻底改变世界经济和社会体系，重新出发。这就是 ESG 大势所趋的原因，也是为了避免出现灾难性结果的最后措施。迄今为止，企业都是把盈利作为首要目标，但是现在各企业不应以取得利润为目标，而应当把阻止气候变暖、建立公正社会作为主要目标，并为之奋斗。世界经济论坛的负责人克劳斯·施瓦布在达沃斯论坛上主张："现在企业不仅要向股东，还要向所有利害关系人，即全体国民提供环境保护和社会福利服务。"为此，资本主义必须果断实行"大重置"，市场必须公平公正，投资应当向那些努力解决世界不平等及气候危机问题的企业倾斜。因此，各企业应设立 ESG 委员会，做出具体的努力，并在可持续报告书中反映实质性的成果。这不仅是拯救相关企业，也是拯救全世界资本主义的方法。

评价的依据与方法
ESG评价，是产出可持续价值的工具吗?

"ESG？当然是企业生存的必要条件，也是投资者评价企业价值的主要因素。但是评价机构太多，而且标准也不确定，所以让人茫然不知所措。"

"很多运营商都参与了 ESG 评价事业，但是每个评价机构给出的分数千差万别，所以我们在制定 ESG 战略上吃了不少苦头。"

这是在英国从事 ESG 相关业务的负责人的共同苦恼。虽然对 ESG 相关信息的需求急剧增加，但各评价机构的评价标准不同，各机构的报告标准也各不相同，给企业和投资者以及工作人员带来了混乱，而这种混乱也是阻碍 ESG 经营增强灵活性的绊脚石。

目前，全世界 70 个国家中约有 360 个 ESG 评价标准，如 MSCI 的 ESG Leders 指数，DJSI 的 S&P ESG 指数，FTSE4 Good，Sustainalytics 等。在韩国，对企业的 ESG 经营做出评价的是韩国公司管理局（Korea

Corporate Governance Service）、Sustin Best、大信经济研究所等。问题是，这些机构在评价标准和公布方式等方面也是各不相同的。

企业价值评价标准，是倾斜的运动场吗？

最近，ESG逐渐成为必须遵守的企业信息披露系统。ESG信息披露系统在全世界范围内得到认可，使得商业的连续性成为可能，也为连接世界提供了重要的洞察力。韩国也将从2025年开始义务性地对资产超过2万亿韩元的上市公司进行ESG信息披露，从2030年开始，所有韩国KOSPI上市公司都将进行ESG信息披露，ESG正在逐渐成为企业的价值评价标准。

咨询企业和媒体公司等也在参与ESG评价事业。最具代表性的是，美国《华尔街日报》以世界5 000家企业为对象，在对企业的ESG水平进行评价后，选定并公布了“100家可持续发展企业”名单。但是正如前面所述，虽然很多机构都在对企业的ESG环境进行评价，但存在评价指标和范围不同的问题。

摩根士丹利的ESG评价体系从“Triple C”到“Triple A”，分7个阶段打分。而汤姆森路透分为12个阶段，晨星分为5个阶段。也就是说，即使得到同样的“5分”，根据机构的不同，解释和评价也会有所不同。据美国MIT研究，MSCI和汤姆森路透的ESG评价的两两相关性仅为0.38。这意味着每个机构的行业分类标准、使用数据、评价方法等各不相同。

特斯拉在MSCI的ESG评价体系中获得了A等级，处于中上游水平，但在Just Capital的体系中，则被判定为下游10%的企业。

MSCI 给特斯拉的环保能源政策加了很多分，Just Capital 则认为，特斯拉在接待顾客和处理安全事故等“S”（Society）因素上，与其他企业相比存在不足之处。我们再来分析韩国的代表性平台企业——NAVER，2020 年 NAVER 在韩国公司管理局 7 个阶段的 ESG 评价体系中获得了 A 等级（第 2 高等级），在 MSCI 中也获得了第 3 高的等级 A 等级。但是，S&P 以“没有参与 S&P 要求的问卷调查”为由，仅仅给出了 10 分（满分 100）。所以，不同的评价机构得出的结果有着天壤之别。

目前，全球企业和金融机构最常用的指标是 MSCI 的 ESG 评价体系。在评价机构中，MSCI 的评价体系使用的基础数据最多，达到 700 个左右。MSCI 根据产业分类，将企业分为能源、材料、金融、信息技术等 11 个大类后，再细分产业领域，赋予加权值，确定其等级。专家们评价说：由于 MSCI 的评价方式过于复杂，所以导致碳排放量等个别指标的辨别力没有想象中那么高。另外，全球评价机构的评价体系也反映了对冲基金的利害关系，这一点也不容忽视。

在 MSCI 的评价体系中，销售额急速增长的企业很难得到高分。MSCI 在评价碳排放量是否减少时，使用的是“排放总量”指标，所以工厂运转率因产量增加而得到提高的企业，必然会处于不利的境地。韩国因为对重工业的依赖程度高，所以一直都无法摆脱环境污染的争议。所以，以较早开始 ESG 经营评价的欧洲标准来看，韩国企业的等级必然是不高的。

特别是韩国的污染物质排放量比中国多，绿色能源研究开发投资费用也落后于欧洲。企业的社会贡献方式也集中在捐赠活动这一方面，这在国际社会上也是一大弱点。因为海外的 9 个评价机关，赋予环境方面的权重值要高于社会捐赠。因此，韩国企业只要爆发一点“小丑闻”就会给企业的 ESG 评价带来致命打击。除此之外，韩国企业努力进行的 ESG 经营活动被过低评价的情况也屡见不鲜。像这样把不考虑韩国社会脉络的全球评价标准直接拿到韩国来使用，对韩国国内企业是非常不利的。

那韩国的评价机构又如何呢？虽然它们有精通韩国商业环境的优势，但在组织力量方面存在局限性。首先，调查的可信度很难跟上全球评价机构。“E”因素很难收集数据，“S”因素在标准的恰当性方面存在争议，因此存在反映不充分的问题。考虑到各评价机构得出的结果可能不同，企业有必要制定战略，来确定重点应对哪些机构的评价。

ESG 评价：牢记风险最小化，以人为本

长期以来，全球一直没有建立有效的体系来共享包括气候变化、资源制约、经济不平等和种族歧视等在内的社会、环境挑战，以及与其相关的风险和机会。因此，有必要通过 ESG 评价，建立持续、全面的企业信息披露系统。它不仅可以使企业创造可持续的价值，还可以作为测定和传达这些价值的有用工具，从而进一步发展成为连接世界商业运营的纽带。

前文提到的评价标准存在的问题将逐渐得到改善。在此过程中，重要的是实现评价标准的全球统一，并减少复杂性。太多的竞争标准、框架和倡议不应成为发展市场的障碍，为了评价而进行的评价和由此引发的竞争只会加剧市场混乱。

延世大学经营学院副院长安德烈斯·吉拉尔强调：“比起象征性

的活动，更应该评价能够创造实际价值的实质性活动。”也就是说，比起依赖评价机构的打分，企业应把焦点放在核心商务上，提高产品质量和消费者的满意度更为重要。同时他还补充道：“如果职员的满意度得到提高，那么企业就可以得到更好的评价。”也有人指出，企业的 ESG 经营不能被视为企业的附带业务，应该把它与企业的核心业务联系起来。

由此可见，企业的 ESG 战略只有在超越单纯应对规制的水平，通过新产品和技术得到延续时，企业才能实现更高水平的 ESG 经营。企业不是被政府的政策和投资者的要求逼迫进行 ESG 经营，而只有那些通过产品及服务革新，接受 ESG 作为经营核心原则的企业，才能生存下来。

如今，ESG 由民间组织主导，ESG 评价的主体也是民间组织和市场。目前民间 ESG 评价机构泛滥，但这也是市场需要解决的问题。我们确信，企业在测定和传达可持续价值创造方面需要强有力的工具，所以现在我们应该共同努力，加强团结，使彼此的目标保持一致。为了构建更可持续、更有弹性的未来市场，必须将个人的雄心壮志转化到 ESG 经营的集体行动中去。

商业与治理的重要性
可持续增长取决于ESG的真实性

2021 年 7 月，现代汽车集团宣布，旗下的 5 个子公司将在 2050

年之前实现“RE100”。也就是说，100% 使用风力和太阳能等可再生能源提供的电力。但是，绿色和平组织指出：“现代汽车 2050 年的目标是‘针对截止期限’的悠闲、懒散的目标。”因为加入“RE100”的全球企业的平均目标是 2028 年，比现代汽车要早 22 年。

“洗绿”（Greenwashing）争议是伴随 ESG 投资在全世界全面展开后产生的副作用。企业夸大宣传公司的环保业绩，事实上是一种降低企业信誉的行为。归根结底，ESG 经营的关键是“真实”。如果企业没有实质性的、根本性的改善，只是停留在宣传企业形象上，就会被投资者冷落。ESG 热潮不是一时的时髦，而是企业无法逃避的起步。因此假如企业轻率地跟在 ESG 热潮后面，一味地模仿，等于是自损其身。

世代投资管理公司（Generation Investment Management）的报告也对“洗绿”的威胁表示担忧。其会长为美国前副总统艾尔·戈尔，他在其趋势报告中指出：“虽然大家都承诺净零碳排放、环保、可再生农业等，但实际上能否实现高质量的环保还存在疑问。”因为大部分企业虽然从长远角度出发，做出了环保承诺，但实现这一承诺的具体、短期实践计划还存在不足。

得到 ESG 最高评价的企业，正在做出怎样的努力？

全球企业中 ESG 分数最高的是哪家公司？答案是微软公司。微软从 2017 年开始，在 MSCI 的评价中一直位于最高等级；在 S&P ESG 指数和 FTSE4Good 的评价中也位居前列。微软之所以能得到这样的评价，是因为它被各大机构一致评为碳减排的模范企业。从

2019 年开始，微软就制订了碳吸收量要超过碳排放量的目标，而事实上，微软当年的碳排放量比前一年减少了约 6%（约 73 万吨）。这主要得益于把世界各地数据中心和建筑物使用的能源转换成了可再生能源。微软还计划到 2025 年 100% 用可再生能源为数据中心和其他设备提供电力。

微软从 2018 年开始在苏格兰奥克尼群岛附近海域试运行了海底数据中心。该实验被称为“Project Natick”，是把数据中心放入北海冰冷的海水中，让其自然冷却，并通过波浪能和潮汐能提供数据输入功率和运算所需的电力。目前，微软正在准备建设比苏格兰实验规模大 12 倍的商用海底数据中心。此外，谷歌在积极推进以“水资源正效益”为目标的项目，计划减少全球谷歌园区的用水量，并通过再循环系统来补给用水。

值得关注的是信息技术在 ESG 层面的积极应用。谷歌以 2017 年开始的“为了地球的 AI”项目为平台，与世界各国的生态学家及环境保护组织等合作，为解决环境问题提供技术支持。此外，谷歌向 100 多个国家提供的“可持续性计算器”兼具 AI 和数据分析功能，可以用来管理企业的可持续性资料。不仅如此，谷歌还通过在环保领域推出新的交易平台和制定各种合同标准等，将 ESG 经营与公司新业务联系起来，力求创造新的未来产业。谷歌借助这些具体的经营内容，登上了引领各业界 ESG 标准的位置。

在韩国，有哪些企业正在制定可持续的 ESG 目标呢？代表性的企业首推 SK 集团，该公司致力于 ESG 经营，正在带头构建具有世界水平的公司治理体系。2021 年 7 月发布的《可持续经营报告书》显示，SK 集团在 2020 年一年间，通过 ESG 经营实现了超过 1 万亿韩元的社会价值。特别值得一提的是，SK Innovation 以“绿色”为中心重组了以炼油、化学为中心的事业投资组合，并发布了《关于 2050 年净零碳排放（Net Zero）具体方案的特别报告书》。这也是韩国企业首次具体公开“净零碳排放”的推进计划。SK Innovation 提出的计划是：到 2025 年，将产品生产及电力生产过程中排放的碳减少到 25%，到 2030 年将碳排放量减少到 50%，到 2050 年将实现 100% 的零排放。为了实现这个计划，SK Innovation 到 2030 年，将投资 1.5 万亿韩元用于提高环保燃料的使用率和太阳能、风力等可再生能源的使用率。

比 SK 集团更早实行 ESG 经营的企业是圃美多。在韩国公司管理局的 ESG 评价中，圃美多作为食品企业，首次连续 4 年获得综合 A+ 等级。该公司在 Sustinvest 公布的 2020 年下半年上市企业的 ESG 评价中也获得了最高等级。

圃美多的 ESG 重点课题是“植物基跃进食品的开发和研究”。其中，圃美多推出的肉类替代产品——高蛋白“豆腐面”，其一上市就获得了很好的反响，该产品也是 ESG 经营的一环。

另外，圃美多在产品生产全过程中都遵循 ESG 要求，工厂正在建设将能源浪费降到最低的被动性建筑（Passive building），并且计划到 2022 年末为止，实现使用 100% 环保包装纸。在物流运输方面，圃美多也在积极考虑使用电动汽车。

但是，连微软公司也非常忌讳公开企业信息。因为如果年度报告书中包含 ESG 的相关资料，诸多不确定性就会增大，其结果很有可能面临法律诉讼等风险。可是，金融管理局和资产运营公司对公开企业信息施加的压力会越来越大。从治理方面讲，只有透明地公开企业信息，才能确保 ESG 经营的意义。

真诚的企业才能获得永生

ESG 经营不以企业的历程为准，而是通过企业的商业行为具体体现出来，只有这样才能让大众感受到企业的真诚。具有代表性的企业当属巴塔哥尼亚（Patagonia）。巴塔哥尼亚的“可持续经营”历史已经超过了 50 年，如同它所拥有的悠久历史，虽然未全面推行 ESG，但它却是完美实践 ESG 的企业。

最重要的是，巴塔哥尼亚正在制定并实践可持续的实施战略。其中最具代表性的是以环境友好型经营为目标，通过企业的全公司营销活动，指定“全球零废弃周”，以此来开展宣传环境污染危害的活动。除此之外，巴塔哥尼亚还提出了“1% 地球税”（1% for the Planet）的口号，每年拿出全球销售额 1% 来支持那些从事地域环境及社会焦点活动的积极分子。到目前为止，其赞助金额已接近 1 000 亿韩元。

此外，巴塔哥尼亚还开设了经营二手商品的网上商城，也推出利用可再生材料的新产品等，从产品设计到生产、销售以及整个经营领域一直实行 ESG 概念的经营模式。从 2007 年开始，巴塔哥尼亚就公开了相关商品的所有工厂的 ESG 信息。该公司计划到 2025 年实现 RE100，并制订了提高产品循环使用材料比重的经营目标。

巴塔哥尼亚的 ESG 经营受到关注还有另一个原因，即运营与同行业分享公司 ESG 精神的社区。在社区里，他们与志同道合的人一起探讨实践可持续性的方法，并交流信息，也向开始实行 ESG 经营的创业企业提供咨询服务。那么巴塔哥尼亚的营销业绩如何呢？作为符合可持续经营的全球顶级企业，2015年以后，巴塔哥尼亚仅在韩国市场就实现了30%以上的年均增长。如果我们算上巴塔哥尼亚每年捐赠的全球销售额的1%的话，以此类推，其每年会呈现出10%以上的持续增长趋势。

更令人震惊的是，巴塔哥尼亚不管年营业额是多少，都会无条件地将营业利润的10%分配到CSR预算中。因此，巴塔哥尼亚被认为是最具代表性的ESG经营企业。

比ESG经营报告和可见的指标更重要的是真实性。要努力减少生产全过程中的碳排放量，要在整个生产和销售中体现ESG精神，进而通过透明的支配架构来减少行业灾害。为了“共存共生”的根本性努力和真诚才是成为ESG优秀企业的关键所在。

ESG经营，治理为什么至关重要？

通常来说，“G”意味着治理，作为“管理架构”，它是企业等组织全面运营的整体系统。这与经营的透明性和公正性有着密切的关系。在企业运营中，在资本市场是否做好了公示，公司组织及职务相关的内部约束是否有效，相互制约和监督等是否达到适当水平，从而保证经营的透明，这些都是公司治理的职责所在。

提倡ESG经营的海外企业正在集中制订关于“G”的对策。实际上，海外ESG评价机构每年都在增加新的“G指数”，已经增加了理事会中女性占比、CEO的薪酬计算方式、游说基金、防贿政策、风险管理等治理评价指标。但是，韩国企业相对来说适应这种变化比较缓慢。与“E”和“S”相比，韩国企业对于确保经营透明的“G”仍持消极态度。

在韩国企业中，具有代表性的是三星电子。虽然三星电子与同行业的苹果相比，在 ESG 的平均指数上处于领先位置，但是在 G 指数上，苹果为 30 分，比三星电子高出 7 分。汽车领域也是如此。现代汽车在 3 个领域都领先于丰田，但起亚在 G 指数上落后于丰田。SK 海力士在 3 个指数上都落后于台积电（TSMC），特别是在 G 指数上排名差距最大。这是由于韩国企业有以总裁为中心进行企业经营的特性，因此，与跨国企业相比，其对治理感兴趣的历史较短，应对也很消极。

对此，金融当局和资产运营公司等纷纷敦促韩国企业将理事会主席和代表理事进行权限分离，通过理事会改革来提升经营的透明度。最近，韩国国内企业也加快了设立 ESG 经营委员会的步伐，同时也亲身感受到了治理的重要性。实际上，10 大集团的主力子公司都成立了 ESG 委员会。韩国国内大企业新设 ESG 委员会不依赖于短期的、定量的经营成果指标，而是重视对企业中长期价值产生巨大影响的非财务成果。但重要的不是在形式上设立委员会，而是给予其实质性的权力，让其能够进行正确的决策并发挥影响力。

目前，在 ESG 投资或 ESG 经营中，与环境和社会相比，治理相对（而言）较少受到关注，但实际上它是最重要的领域。因为只有构建公正的、具有高伦理水准的治理体系，才能持续检测 ESG 的履行过程。无论是将 ESG 运用于整个经营领域，还是推进碳中和，亦或为了引领有潜力的业务开发及投资、中长期战略的实施等，治理的作用只会越来越重要。

投资的新模式
全球资本涌入ESG

“气候变化看似与金融产业毫不相干，但如同金融行业内遭受到的另类冲击。金融市场必须要应对气候变化的挑战。”

2021 年 3 月，美国联邦储备系统的理事莱尔·布雷纳德（Lael Brainard）在一次演讲中警告说：“气候变化对金融的影响非常严重。”她强调，全球气候变化是不可预测的，潜在的经济和财政危机可能会非常严重，因此应该加快向绿色经济的转型速度。她还强调，2019 年的气候危机导致了诸多不确定性，这一事实本身就会妨碍投资和经济活动。

首先，企业的当务之急是减少碳排放。欧盟、美国和中国都遵循着同样的路线。因此，如果企业不改善体制，便将面临巨额税金。在金融市场中，资本已经开始不再投资那些将 ESG 排斥在外的企业。

今后，在投资市场中，资金会涌入追求 ESG 的企业。投资者在选择特定企业作为投资对象时，也只能将 ESG 因素作为选择的标准。

碳边际税，企业无处可逃

2021 年 7 月，欧盟执行委员会公布了碳边际税调整制度。2023 年 1 月 1 日起该制度开始生效，经过 3 年的过渡期后，计划从 2026

年开始正式实施。关于碳排放量的计算方法、原产地支付的碳价格、核验、认证书的价格、过渡期间提交报告书的义务等法案的详细内容，欧盟执行委员会将通过过渡性法律具体化。

继欧洲之后，美国也正在讨论引入碳边际税。美国民主党正在讨论对从气候变化政策薄弱国家进口的商品征收税金的方案。美国民主党的参议员们就推进“基础设施投资、应对气候变化、家庭服务”的支出计划已经达成协议，并将“污染诱发国进口税”征收方案作为财政筹措的方案之一。这反映了美国将对那些不减排却“搭便车”国家的产品征收税金的意志。

中国也宣布实施“零碳排放”。力争于 2030 年前达到峰值，努力争取 2060 年前实现碳中和。2021 年 7 月在上海成立了全国碳排放权交易市场，这是宣布“2060 年碳中和”后的首项措施。参与上海环境能源交易所市场的企业每年都会从政府获得一定数量的碳排放权，通过减少碳排放，可以将剩余的排放权卖给交易所中权限不足的企业。中国计划持续减少分配给各企业的碳排放权，以此来全面降低温室气体排放量。

围绕碳中和、碳边际税的分歧和争论不断出现。尽管如此，不争的事实依旧存在，那就是没有国家和企业可以避免这一大趋势。

诺贝尔经济学奖获得者、哥伦比亚大学客座教授约瑟夫·斯蒂格利茨（Joseph Stiglitz）警告说：“碳的价格问题将引发比 2008 年更严重的金融危机。”正如 2008 年金融危机始于房地产的次贷危机，抵押贷款的错误定价是问题根源一样，现在的碳定价也潜伏着诸多问题。直截了当地说，就是价格根本达不到实现气候改善目标的水平。斯蒂格利茨教授预测说：“如果像现在这样继续维持低价格，碳排放制约项目和规定将不再会取得进展。”

经济合作与发展组织（Organization for Economic Cooperationand Development，简称 OECD）秘书长安赫尔·古里亚（Angel Gurria）也主张应该将碳价格提高。如此一来，为了净零碳排放，大幅提高碳价格的讨论正在全面展开。如果不努力实现碳中和，就很难在全世界的“碳战争”中生存下来。该模式不仅针对制造业，对金融等领域，甚至对“资本”聚集的所有地方都会产生巨大的影响。

巨额资本开始向着 ESG 转移

ESG 始于世界最大的基金管理公司贝莱德集团（BlackRock）的 CEO 拉里·芬克（Larry Fink）的一封信。拉里·芬克在 2021 年 1 月发给企业 CEO 的年度信函中强调：“需要公开企业的商业架构与碳中和并存的计划。”这意味着要将实现碳中和的目标整合到企业战略中，表现出了将气候变化和可持续性作为投资优先顺序的意志。

左右全球资本流动的基金管理公司宣布：“在顾客的优先顺序中，没有比气候变化更重要的因素了。”这足以使资本市场的 ESG 投资成为大趋势。为此，企业不得不提出碳中和的具体战略。

全球投资机构已经开始实践 ESG 投资原则。荷兰公共年金在 2020 年出售了 6 000 万欧元的韩国电力的股份，其理由是韩国电力公司减少碳排放的努力不到位。另外，该年金还向浦项制铁公司施压，要求其断绝与缅甸军方企业——缅甸经济控股公司的合作。浦项制铁公司与缅甸经济控股公司成立并运营了钢铁合作公司，荷兰投资方担心浦项制铁公司会成为缅甸军方的“摇钱树”。欧洲的投资者们今后很有可能要求韩国企业将 ESG 评级结果的公示更加透明化。

如此一来，全球各个年基金开始通过“负面筛选”（Negative Screening）来约束企业。负面筛选是指将存在 ESG 问题的企业排除出投资对象的原则。这比投资 ESG 优秀企业的积极筛选效果更显著。不仅如此，全球资产经营业界的 ESG 投资也全面启动。直到近期，资产经营公司对 ESG 政策的表决权行使还持消极态度，但预计会逐渐对企业的可持续经营政策行使表决权。富达（Fidelity）基金也开始向投资企业施压，要求它们进行 ESG 经营。

富达基金计划在自身投资组合内选出大量排放温室气体或对碳排放产生巨大影响的 1 000 多家企业，之后对它们进行“应对气候变化”和“理事会多样性”的考察，进而对不具备气候变化对策或不公开碳排放量的企业投反对票。韩国国内也越来越倾向于 ESG 投资。国民年金公团也发布了到 2022 年将扩大 ESG 50% 投资（400 万亿韩元以上）的计划。

正如贝莱德集团的掌舵人拉里 · 芬克所说，ESG 已经成了最重要的投资标准之一。在这些基础之上，几年内巨大的资金将如同板块运动一样开始流动。